2017年度教育部人文社会科学研究规划基金项目
"基于大数据思维的小微企业信用指数体系研究"
（17YJA790059）研究成果

行业信用指数的编制与应用

楼裕胜 毛 通 著

浙江大学出版社

图书在版编目（CIP）数据

行业信用指数的编制与应用 / 楼裕胜，毛通著. —
杭州：浙江大学出版社，2021.6
ISBN 978-7-308-19622-2

Ⅰ.①行… Ⅱ.①楼… ②毛… Ⅲ.①企业信用—评
价—研究—中国 Ⅳ.①F832.4

中国版本图书馆 CIP 数据核字(2021)第 063908 号

行业信用指数的编制与应用

楼裕胜　毛　通　著

策划编辑	吴伟伟	
责任编辑	丁沛岚	
责任校对	陈　翩	
封面设计	银古桑	
出版发行	浙江大学出版社	
	（杭州市天目山路 148 号　邮政编码 310007）	
	（网址：http://www.zjupress.com）	
排　　版	杭州青翊图文设计有限公司	
印　　刷	杭州钱江彩色印务有限公司	
开　　本	710mm×1000mm　1/16	
印　　张	17.25	
字　　数	210 千	
版 印 次	2021 年 6 月第 1 版　2021 年 6 月第 1 次印刷	
书　　号	ISBN 978-7-308-19622-2	
定　　价	68.00 元	

前　　言

市场经济的本质是信用经济,企业信用是信用经济的基石。但是,有信用就会有信用风险,信用风险如何度量,一直是理论部门和实践部门探索的方向。20世纪二三十年代,信用评价开始在欧美国家风行,评价的技术也在与时俱进。随着统计方法在信用评价技术中大量使用,标志着信用评价从经验判断走向了数理逻辑验证。而人工智能、计算机技术和系统技术等人工智能方法的快速发展使信用评价进入了一个新时代,特别是大数据时代的到来,带来更广泛、更有深度的信用信息,也加速了信用评价方法的革新。

指数是现代经济研究和市场管理的一个重要工具,目前在经济领域有较为广泛的应用。本书充分发挥指数可量化、可管理、可传播和可决策的优势,在大数据信用信息平台应用背景下,构建了一个企业信用综合指数。信用指数以宏观的视角来看,可以从地区、行业或是产业集群的角度,也可以从企业信用的影响因素角度去研究企业的信用,极大地丰富了企业信用研究体系。

本书是 2017 年度教育部人文社会科学研究规划基金项目"基于大数据思维的小微企业信用指数体系研究"(17YJA790059)的研究成果。在 2017 年教育部人文社会科学研究规划基金项目立项以后,课题组成员在强化本课题研究的基础上,不断地把研究成果应用在各个领域,如受大公浙江信用服务有限公司委托完成"奉化区全域旅游信用指数"项目,受浙江省统计局委托完成"互联网金融风险指数体系研究"项目,受杭州市信息中心委托完成"探索构建杭州市招投标领域信用监测及预警体系研究"项目,受上海三零卫士信息安全有限公司杭州分公司委托完成"基于大数据思维的双架构城市信用监测体系研究"项目,等等,研究成果不断得到实践检验,取得了丰富的实战经验。

本书的出版,感谢浙江金融职业学院毛通老师、顾洲一老师以及浙江广播电视大学孔杏老师在课题研究中的辛勤付出,也感谢出版社老师的辛勤劳动。

目　　录

第一章 绪 论

第一节 研究意义

市场经济是信用经济,而企业信用是信用经济的基石。但是,有信用就会有信用风险,信用风险如何度量,特别是在小微企业信用信息缺失的现实情况下,这一问题更加突出。同时,指数又是一个宏观视角研究微观问题的数量化的管理工具。基于此,编制和开发大数据应用环境下的行业信用综合指数是一个合适的选择。

一、理论意义

(一)开启行业信用问题的指数化研究

指数是现代经济研究和市场管理的一个重要工具,目前在经济领域有较为广泛的应用。本书旨在充分发挥指数可量化、可管理、可传播和可决策的优势,在大数据信用信息平台应用背景下,根据行业信用的影响因素,构建一个集行业企业发展能力、景气水平、信用能力及信心指数于一体的综合指数。从众多的文献资料来看,还没有相关的研究成果,本研究将开启基于大数据应用的行业信用指数化研究,具有一定的理论创新价值。

(二)拓宽行业信用问题研究的视野

目前行业信用问题研究主要集中在企业信用制度和企业信用风险评价等领域,主要是针对小微企业自身展开的,具有很大的局限性。本书首先利用大数据的理论与方法解决长期困扰企业的信用信息问题,重构信用制度与信用评价体系;其次以宏观的视角,或从地区、行业或是产业集群的角度,或从企业信用的影响因素角度去研究行业信用,极大地丰富企业信用研究体系。

二、现实意义

(一)建设一个大数据信用信息平台

目前企业征信体系建设相对滞后,政府部门掌握的企业信息资源并未被充分利用和共享,企业有价值的信息被银行、工商、税务、海关等不同职能部门分割、独占。此外还有大量的交易信息、行业信息、处罚信息散落在行业协会、第三方评估机构中。因此,在行业信用指数体系框架下,建设一个行业大数据信用信息平台,可以有效地整合各类数据资源,真正实现企业信用信息资源共享。

(二)建立一个统一的基于大数据应用的行业信用评价标准

基于大数据应用的行业信用评价体系不同于传统企业的信用评价模式(财务报表＋实地调查),是根据不同的行业类别,在海量的数据中清洗出可用于评价的数据、可用于校对检验的数据、可用于参考的数据。因此需要建立一个基本标准,改变当前行业信用评价体系混乱、结果随意的乱象。

(三)形成一个小微企业信用指数

指数是一个数量化的经济管理工具,目前在很多领域都有广泛的应用。本研究创新性地把指数理论引入信用管理领域,丰富了行业信用管理的研究体系。通过信用指数,可以宏观地分析所有企业信用的整体概况;也可以中观地就一个地区、一个行业基于某个小微企业信用的某个影响因素进行深入的分析;还可以微观地就某个企业的信用进行研究。

（四）开发一批行业信用产品

本研究以大数据应用环境下的信用指数为核心，重点开发两个大类的产品。一是围绕社会管理的需求，开发在招投标领域、政府采购领域、税收减免等方面使用的信用产品；二是围绕着金融领域风险管理的需求，开发融资类信用产品。

第二节　国内外研究现状及发展动态分析

信用综合指数是以企业的融资为需求导向，以企业信用管理为主体，以企业信用风险评价为基础，以大数据技术为工具的多学科交叉的新型研究课题。纵观国内外研究现状，主要有以下几方面特点。

（一）企业信用评价方法研究

随着企业信用评价的不断深入和推广，评价方法在逐步完善。信用评价是穆迪（Moody）公司的创始人约翰·穆迪（John Moody）在 1890 年首次提出的债券风险管理体系，到 20 世纪二三十年代，信用评价开始在欧美国家风行，评价技术也在与时俱进。总结其发展历程，大致可以分为经验判断时期、统计模型时期、人工智能方法时期三个阶段。

1.经验判断时期(20 世纪 50 年代以前)

这一时期主要依赖评估人员的经验和能力对企业的信用状况做出判断。在多年的实践中,逐渐形成了"6C"、"5P"及"LAPP"等要素信用评价方法。但经验判断法对评估人员的能力与水平有很高的要求,而且由于不同评估人员的认识不同,评价结果差异较大,评价结果公正性难以保证。

2.统计模型时期(20 世纪 50—90 年代)

在这一时期,统计方法开始在信用评价技术中大量使用。Beaver (1968)建立了单变量多元分析模型(Z 模型),但这种方法存在使用不同变量会得出不同评价结果的缺陷。针对这一缺陷,Altman(1968)利用多元判别分析法进行改进,建立了 Zeta 模型,明显提升了风险预警的效果。Ohlson(1980)运用 Logit 回归模型对企业信用进行评价,而后 Collins 和 Green(1982),Gentry、Newbold 和 Whitford(1987)的研究表明了 Logit 回归模型在信用评价方面优于 Zeta 模型。Jones 和 Hensher(2004)使用混合 Logit 模型提高了风险评价的准确程度。随着信用评价技术的完善,一些新的统计方法不断在实践中得到应用。Kurbat 和 Korablev (2002)对美国上千家存在信用违约行为的公司进行了跟踪研究,证明了 KMV 模型是一个有效的方法。其后,张玲(2004)等的研究也证实了 KMV 模型在我国完全可行。J. P. Morgan 公司在 1997 年推出了 CreditMetrics 信用风险管理系统,该系统以 VAR 技术为基础,核心输出结果为 VAR

值,Glasserman(2000)提出了 VAR 值的优化方案,证实了该方法的有效性。VAR 技术、KMV 模型在信用风险评价中的实践表明了统计方法在信用风险度量领域得到了广泛应用。但是统计学方法应用在信用评价中也存在一些不足,如统计模型要求评价指标的关系是线性的,指标要成正态分布等都与企业的实际情况不符。因此,统计方法评价企业信用风险存在很大的局限性。

3.人工智能方法时期(20 世纪 90 年代至今)

从 20 世纪 90 年代开始,信用评价就进入了一个集人工智能、计算机技术和系统技术于一体的人工智能方法时期。相对于统计方法,神经网络对样本数据分布要求不严格,具有较强的"鲁棒性"和较高的预测精度,这些优势使其成为信用风险评价的有效工具。Singleton 和 Surkan(1990)的研究表明神经网络方法的准确率比信用评分法的准确率要高 16%。

研究述评:我国学者对于信用评价问题的研究起步较晚,与发达国家成熟的信用评价体系相比存在相当大的差距。特别是在信用评级的实践中,仍然以信用评分为主,在评价方法上,又以统计分析为主,而对于神经网络方法、衍生工具方法的应用研究相对较少。尽管上述评价方法各有所长,从编制企业信用指数的特定角度来看:古典分析方法虽然强调要从企业各信用要素角度全面综合考评信用风险,但其评价过程过于依赖评价者的主观经验,忽视对客观数据中包含的企业信用状况的挖掘和分析,以此为基础编制信用指数将过于主观。多元统计评价方法虽然强调用较少的几个反映企业信用的关键变量以及历史统计数据来预测违约或破产概率,一方面,由于建模需要,变量不宜过多,因此往往倚重少数几个财务指标和数据,同时还要对数据分布形态等做出事先假定,对数据有较高的要求,容易出现模型设定错误;另一方面,过于依赖样本数据所包含的历史信息,忽视对企业基本素质和发展前景等其他方面信用状况的主观判断,因此难以满足指数综合分析的需要。人工智能评价方法尽管无须考虑数据的分布形态,也不用担心模型设定错误,但其从数据输入到最终结果输出的过程就像一个"黑匣子",难以进行评价指标和评价结果之间的关联分析,因此实际应用受到很大的限制,不宜用于编制企业信用指数。

(二)大数据方法

大数据方法在企业信用评价中的应用研究起步虽晚,但成果较为丰富,同时存在方法体系缺乏系统性的问题。从 2015 年开始,大数据方法逐渐出现在信用评价领域。相对于复杂的模型,大数据方法在信用评价的应用上,思路更为清晰,就是解决当前信用评价数据失真的问题。吴晶妹(2015)从信用内涵的视角分析了大数据技术的应用前景;孙玥璠、杨超、张梦实(2015)则对大数据应用背景下的信用指标构建进行了研究。通过文献梳理可以看出,随着大数据技术的不断成熟与推广,大数据方法在信用评价研究领域正在得到全面应用。

研究述评:在理论界不断优化信用评价模型的同时,大数据方法开始在这一领域悄然兴起。从目前来看,利用大数据技术解决当前我国企业尤其是小微企业信用信息失真问题,比起采用复杂的评价模型更为有效。

(三)信用指数研究

指数方法在企业信用领域的应用研究少之又少,应用实践也不多见。对信用指数的计算,各国多根据自己的国情设定。

1.国内外信用指数的理论研究综述

对于信用指数理论的研究,比较有代表性的主要有三个层面:一是石晓军、郑海涛(2007)从宏观层面构建了国家信用体系的多维指数;二是马超(2016)从中观层面研究了企业信用指数;三是孙婷(2011)等研究了信用指数的计量方法。

2.国内外信用指数的实践现状综述

从实践层面来看,目前,信用指数已经在国内外不少领域得到应用,例如美国的信用经理人指数、世界银行信用信息指数,以及国内的义乌市场信用综合指数、中国城市商业信用环境指数、中国信用小康指数、中国出口信用保险公司的中国短期出口贸易信用风险指数等,这些指数涉及个人信用、企业信用、产业信用、政府信用、国家信用等。其中与企业信用直接相关且较具代表性的指数主要有美国的信用经理人指数和国内的义乌市场信用综合指数。下面我们以这两个指数为例,对企业信用综合指数编制的原理和特点进行分析比较,以便为编制小微企业信用综合指数提供更好的借鉴。

(1)美国的信用经理人指数

信用经理人指数(credit managers index,CMI),由美国国家信用管理协会在 2002 年创建,通过对信用经理人的调查问卷编制而成。该指数能够反映美国信用状况的动态变化情况,有助于美国企业管理层及时了解美国经济中信用状况的变化,经济学家和媒体也能运用 CMI 指数对美国经济进行考察。CMI 指数的计算,采用扩散指数(diffusion index methodology)的计算方法,通过对各指数的权重加权平均来决定总指数。该指数从 2002 年 2 月开始编制,2003 年 1 月开始按月发布。样本涉及美国主要州的制造业和服务业企业。

(2)中国的义乌市场信用综合指数

由义乌市工商行政管理局和北京大学中国信用研究中心联合研发编制的义乌市场信用指数(简称 YMCI 指数),是国内首个市场信用指数,该指数体系反映了义乌市场信用发展的动态变化,同时也具有一定的预警功能。YMCI 指数自启用以来,较好地发挥了引导市场主体诚信经营的"风向标"作用,已成为反映市场信用状况的"晴雨表"。YMCI 指数的模型先后经过两轮优化,指数体系由 27 个指标、4 大分类指数[①]和 1 个信

---

① 4 大分类指数主要包括商品质量指数、交易活跃指数、客商满意指数和风险可控指数。

用综合指数构成,采用五色灯和 NBW 两个预警系统。YMCI 指标数据来源有三个途径:一是义乌市各信用监管部门通过调查获得的汇总数据;二是该市各产业协会的调查汇总数据;三是以问卷调查的形式抽取部分调查对象获取的数据。该指数运用拉式公式编制,基期为 2007 年 9 月。

研究述评:通过上述分析,对于我们的研究有以下几点启示。

第一,企业信用指数编制既可以单独围绕产业企业微观主体信用进行,也可以将微观信用和反映经济总体的宏观信用结合进行,但不管采用哪一种,都不应脱离企业微观信用,这是企业信用的直接来源和基础。

第二,企业信用指标体系建立因指数编制目的和考察对象而异,指标设计具有灵活多样性,但不应脱离企业信用的相关理论,采用关键指标方法建立的指标体系,指数针对性较强;而采用全面考核方法建立的指标体系,指数综合分析能力较高,功能更全面。

第三,指数编制的样本抽取与数据获取除应考虑样本的代表性等问题之外,还应充分考虑指标数据的连续性、可得性、采集和编制成本等问题,因为指数的编制往往具有长期性,频繁地调整指标和调查对象势必影响指数的效果。

第四,基于多指标综合评价方法的综合指数法在实践中效果较为理想,其权重确定的方法和指数计算的公式灵活多样,可以满足不同功能指数编制和分析的需要。

第三节 研究目标

为了突出信用在企业管理中的意义,完善征信系统建设,实现社会信用体系建设的战略规划,本书拟通过研究实现以下目标。

(一)一个大数据信用信息平台的建设标准

通过研究,明确企业信用信息的来源、数据标准、储存方式一系列问题,实现信用信息的共享。

(二)一个基于大数据应用的行业信用评价标准

基于大数据应用的企业信用评价体系不同于传统企业的信用评价模式(财务报表＋实地调查),是根据不同的行业类别,在海量的数据中清洗出可用于评价的数据、可用于校对检验的数据、可用于参考的数据,因此需要建立一个基本标准,改变当前小微企业信用评价体系混乱、结果随意的乱象。

(三)一个行业信用指数

通过研究,构建一个全面反映企业信用动态的指数。可以从宏观的角度分析小微企业的信用情况；也可以从中观的角度就一个地区、一个行业甚至某个小微企业信用的某个影响因素进行深入的分析；还可以从微观的角度就某个企业的信用进行研究。

（四）一批行业信用产品的开发

本书以大数据应用环境下的信用指数为核心，重点开发两个大类的产品：一是围绕社会管理的需求，开发在招投标领域、政府采购领域、税收减免等方面使用的信用产品；二是围绕金融领域风险管理的需求，开发融资类的信用产品。

第四节　研究的创新之处

（一）从理论和实证两个层面系统地研究了大数据技术支撑下的企业信用评价体系

本研究切中当前小微企业信用评价中的要害，即信用信息失真造成评价结果失误，利用大数据技术从大量的生产经营信息中，选择部分信息作为评价信息，部分信息作为校验信息，部分信息作为参考信息，以此解决困扰企业信用评价的核心问题。

（二）构建的行业信用指数从理论角度诠释了信用的本质，从应用角度有利于完善信用信息平台的建设

以往研究大都局限于通过企业财务的角度分析信用违约。事实上，当今企业由于受管理等多方面的因素影响，其财务数据大多是失真的，这也使研究本身失去了意义。本研究力图通过对不同行业、不同区域企业的发展活力、信心景气、信用安全等方面的测量分析，构建一个包括"行业发展指数""行业景气指数""行业信用能力指数""行业信心指数"的完整信息系统，更多地从政府、行业协会及社会中获取有关小微企业的信用信息，以促使政府部门掌握的企业信息资源能够被充分利用和共享，从而使企业在生产、流通、税务、信贷等环节的信用状况得到全面改善，进而发挥企业在经济发展中的优势。

（三）基于指数研究的产品开发，使研究更有意义

目前我国信用体系还不发达，信用产品也不普及。开发大数据技术支持下的信用指数，能够使企业信用评价的精度大大提高，这也为产品的开发与使用奠定了基础。目前来讲，可以开发在招投标领域、政府采购领域、税收减免等方面使用的信用产品，也可以开发在金融风险管理领域使用的融资类信用产品。

第二章 行业信用指数的研究概述

第一节 研究框架

本书的研究思路是在大数据方法的指引下研究企业信用信息平台的建设,从而从根本上解决一直困扰企业信用信息失真的难题。借助可靠的数据保障,建立基于大数据方法下的企业信用评价体系,在信用评价体系的框架基础上,构建信用指数模型,通过信用指数,衍生企业信用服务产品。基于此,研究框架如图 2-1 所示,具体内容包括理论研究、实证研究和应用研究。

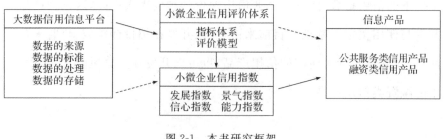

图 2-1 本书研究框架

第二节 研究体系

一、理论研究体系

(一)大数据信用信息模式下的企业信用评价体系的构建

目前,企业信用评价主要采用企业报送数据、第三方评价机构尽职调查的模式。该模式的最大缺陷在于数据失真,调查不能尽职。因而本研究的方向一是解决数据失真问题,二是建立评价模型,具体如图 2-2 所示。

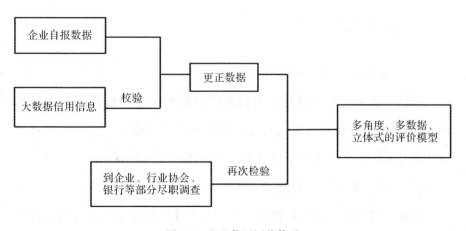

图 2-2 企业信用评价体系

本研究的重点,一是水、电、煤、气、税收、工资、租金等生产要素与财务数据建立对应关系,进而实现大数据要素与评价结果的统一,同时克服信用评价结果动态实时发布难题;二是评价模型的建立,由于不同的行业对不同的生产要素的需求不同,因此不同行业的企业评价体系也不相同,需要针对企业性质采用不同的方法构建不同的评价模型。

(二)行业信用指数研究

行业信用综合指数体系主要包括"行业景气指数""行业信心指数""行业发展指数""行业信用能力指数"。发展指数侧重于考察行业的现在与过去的变化;景气和信心指数侧重于考察行业对未来态势的发展信心;信用能力指数则是信贷业务活动中最本质的核心指标。具体结构如图2-3所示。

1.行业景气指数的编制

(1)行业景气评价指标体系

通过企业家对企业自身运营情况以及影响企业的外部因素进行调查,从而得出企业经营的乐观程度。因此从要素供给、市场需求、经营管理以及宏观经济发展这四个维度对企业家进行问卷调查。

(2)小微企业景气指数模型

指数编制采用修正的扩散指数法,即采用三等分与九等分相结合的方法,对扩散指数第二种基本方法进行修正,得出修正的扩散指数法。具体如图2-4所示。

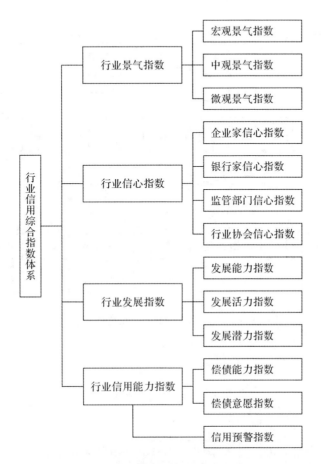

图 2-3　行业信用指数的基本架构

2.行业信心指数的编制

(1)行业信心评价指标体系

行业信心评价指标体系如图 2-5 所示。

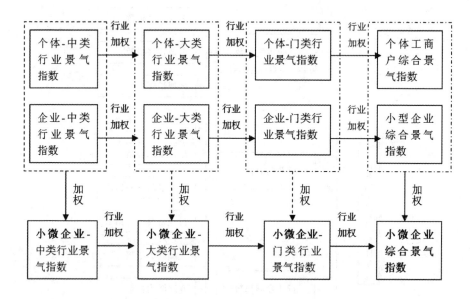

图 2-4 小微企业景气指数模型

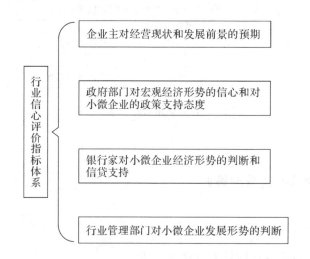

图 2-5 行业信心评价指标体系

（2）小微企业信心指数模型

行业信心指数＝企业主信心指数×企业权重＋政府部门监管信心指数×政府部门监管权重＋银行部门信心指数×银行部门权重＋行业协会信心指数×行业协会权重，其中企业主信心指数合成方法类似于行业景气指数合成，政府部门、银行部门和行业协会信心指数则通过采用修正的扩散指数法各自计算得出，然后加权合成总指数。

3.行业发展指数的编制

（1）行业发展评价指标体系

基于企业理论模型，从企业发展的外在表现和内在表现两个方面构造了企业发展指标体系。"量的扩张"称为企业发展指标，主要从投入规模和产出规模两个方面来反映；"质的提升"称为企业发展潜力指标，主要从"人力"（人力资本能力）、"财力"（财务能力）、"物力"（产品或服务前景）、外部因素几个方面来反映。

（2）行业发展指数模型

对指标权重与行业权重双向权向量的确定，指标确权采用 AHP 赋权方法；行业赋权过程中需要对小型企业和微型企业分别赋权，权重采用移动加权法，每年调整一次。先分别合成个体工商户与小型企业的综合发展指数，然后再对它们进行加权，得出行业的综合发展指数，如图 2-6 所示。

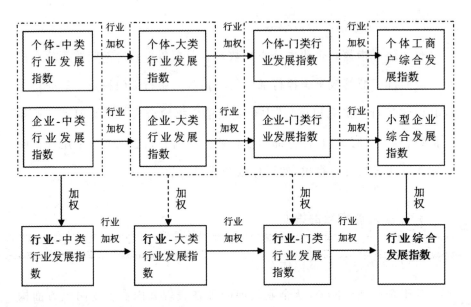

图 2-6　行业发展指数模型

4.行业信用能力指数的编制

（1）企业信用能力评价指标体系

根据企业信用理论,构建企业信用评价的指标体系,其结构如图 2-7
所示。

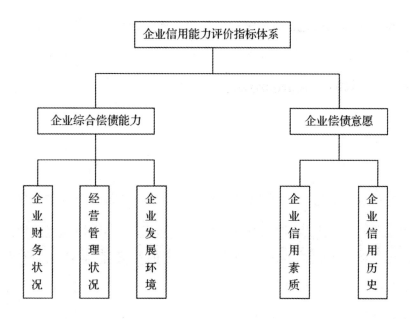

图 2-7　企业信用能力评价指标体系结构

（2）小微企业信用指数模型

指数集成模型方法和思路可以参考小微企业发展指数模型部分的内容。同样可以采用两种途径得出小微企业信用综合指数。先分别合成个体工商户与小型企业的综合信用指数，然后再对它们进行加权，得出小微企业的综合信用指数。

二、实证研究体系

理论研究的结论正确与否需要得到实践的检验和修正，进而成为指导实践的理论依据。本研究将运用科学合理的方法对大数据技术环境下小微企业的信用指数进行系统的实证研究,并以此为依据修正上述理论研究结果,具体包括以下两个层面的研究。

(一)经验检验

在信用评价的初期,利用资深人士的判断来评价企业的信用等级是一个重要的方式方法,他们熟知企业运营规律,熟悉指标之间的内在联系。因此在课题的研究中,要聘请行业协会的专家、企业家、银行信贷专员等来自一线的资深专家,重点考察评价指标体系是否完善以及权重分配是否合理。

(二)案例检验

实证检验的目的是检验理论研究的结论是否正确。虽然经验检验的结果能够为小微企业的信用评价体系提供参考,但由于每个资深专家对问题的理解不同,因此需要在经验检验的基础上,选择一些典型的小微企业(在已经掌握这些企业的真实财务数据以及生产资料数据的前提下)进行案例分析。本部分的重点是:利用已经掌握的企业的数据,重新建立模型,与理论研究的结论相对比,并做出修正。

三、应用研究体系

应用研究是为了进一步拓展大数据技术支持下小微企业信用指数的研究,从而从应用的视角推动信用产品的研发。本部分的重点是,首先,利用企业信用指数的开发,认识当前影响企业信用的主要因素,从而对当前的财政、金融、政府管理政策提出建议。其次,推动系列信用产品的研发,重点开发两个大类的产品:一是围绕社会管理的需求,开发在招投标领域、政府采购领域、税收减免等方面使用的信用产品;二是围绕金融领域风险管理的需求,开发融资类信用产品。

第三节　研究方案

本项目拟采用理论分析与实证分析相结合的方法展开研究,具体而言,研究方案如下。

一、数据收集与整理方案

拟通过整理"中国工业企业数据库""中经网统计数据库""中国报告网""各年度中小企业年鉴""Wind数据库""国泰安 GSMAR"的相关数据,将其作为宏观数据来源;浙江省经信委和浙江省经济信息中心的数据以及政府相关职能部门提供的水、电、煤、气、工资数据等作为中观数据来源;浙江智普资信评估公司作为本研究的支持单位,提供了近 2000 家企业多年来的评价原始数据,将其作为微观数据来源。此外,本研究还发放了近 200 份问卷,对浙江省 20 余个政府部门、金融机构、行业协会等组织进行了深度访谈,从企业的监管和服务部门入手掌握企业的现状与发展趋势。对省内 150 余家企业进行了实地调查,深入了解企业的生产、经营、管理等一手资料,为信用评价提供数据支持。问卷调查也会形成大量的原始数据,将其作为研究的重要素材。

二、理论分析方案

借鉴国内外企业信用管理理论以及企业信用评价和信用指数的最新成果,并鉴于当前大数据技术的不断完善与成熟,构建在大数据支持下的企业信用评价体系,研究如何破解当前企业信用评价过程中数据失真的乱象。同时构建一套完整的尽职调查体系,作为信用评价的补充。结合指数编制方法理论,构建企业信用指数模型,该模型除了可以反映企业信用的整体状况外,也可以从指数的构成上进一步分析景气、信心、发展以及信用能力的情况,从动态的角度演绎信用的变化,分行业分地区反映当前企业信用状况。信用评价体系是着眼于微观的研究,而信用指数则是着眼于宏观的研究,因此本书的理论研究过程也是从微观到宏观的演进。

三、经验检验方案

借鉴德尔菲法的做法,选取 100 名左右的行业专家、企业家以及信贷专员等来自一线的资深人士组成经验检验的专家组,设定系统的程序,采用匿名发表意见的方式(团队成员之间不得互相讨论,不发生横向联系,只能与调查人员发生联系),通过多次填写问卷来集结问卷填写人的共识,搜集各方意见。本研究就是要利用资深专家熟知企业运营规律、熟知指标之间内在联系的经验对理论研究的结论做参考和调整。

四、案例分析方案

依据信用评估公司提供的企业名单,在制造业、建筑业、批发零售业、交通运输业、住宿业、餐饮业以及信息和软件业等行业中,每个行业选取约 30 家企业(1/3 是信用优秀企业,1/3 是信用中等企业,1/3 是信用较差企业,信用优秀、中等和较差是依据信用评估公司的评级结果来划分的。笔者已经掌握案例企业的所有真实信息),根据案例企业的实际情况,依据多种评价方法的结论,与本研究的结论做一致性的对比,找出问题的原因,制定理论研究模型改进方案。

五、应用研究方案

本研究在取得大数据支持下企业信用评价体系和信用指数的基础上,将研究成果做进一步衍生。一是根据信用指数的运行规律与特点,有针对性地对当前的财税、金融、产业发展提出政策建议。二是根据企业信用评价体系,衍生信用产品,可以是信用结果直接应用的信用产品(在招投标领域、政府采购领域、税收减免等方面使用),也可以是信用报告的综合使用(围绕金融领域风险管理需求的融资类信用产品)。

第四节 研究的可行性分析

一、学术思想的可行性

首先,针对企业信用评价体系的理论与实证研究十分丰富,是随着世界经济的起起伏伏不断成熟起来的。其间,也经过了四个阶段:企业信用评价的产生阶段(19 世纪中期—20 世纪初期)→企业信用评价的兴起阶段(20 世纪初—20 世纪 30 年代)→企业信用评价的发展阶段(20 世纪 30 年代—70 年代)→客户信用评价的扩张阶段(20 世纪 80 年代至今)。不论信用评价处在哪个阶段,其核心思想都是根据所掌握的信用信息资源构建评价指标体系,再利用指标体系建立评价模型。因此在当前大数据技术支持下,把更多的生产经营相关的信用信息挖掘出来,构建小微企业信用评价模型是一个切实可行的途径。

其次,指数本来就是经济管理的工具,是在既定的指标体系框架下,按照个体→小类→中类→大类→总指数的研究路径构建形成的。从这个意义上讲,小微企业个体的信用评价→细分行业的信用评价→行业的信用评价→小微企业整体的信用评价这一研究路径是完全可行的。指标体系的设定要具有鲜明的层级结构,可以分层分类编制各级单项指数、分类指数和总指数,满足各类指数分析的需要。

最后,信用指数可以为小微企业信用管理带来更大的空间。一方面,政策的制定不再拘泥于微观层面;另一方面,可以就某一个行业或某一个地区展开深入的研究。更为重要的是,可以依托指数衍生信用产品。

二、理论研究的可行性

首先,小微企业的信用评价体系已经有较为成熟的研究路径,本书的研究方向是大数据技术支持下的信用评价体系,既有指标体系的研究,也有评价模型的研究。国内外学者在这方面进行了卓有成效的研究,积累了大量的研究成果。评价技术也从德尔菲法到简单的信用评分,从统计模型法到神经网络等,评价技术在不断地提升。但笔者认为,目前企业信用评价的核心问题不是评价的指标体系,也不是评价模型,而是数据来源的可靠程度,因此在本研究中,把大数据技术引进来,丰富评价的指标体系以及信用信息，对提高评价的准确度是很有帮助的。

其次，指数的合成在理论界已有一套较为成熟的方法，从指数生成的程序上来说，从个体到小类、中类再到大类最后到总指数。在总指数合成中，核心的问题主要是两个：一个是指标体系及权重，二是根据数据的特点选择合适的集成方法。笔者认为，在研究中采用指数集成的理论方法是成熟的，挑战在于加入了生产性的信用信息以后，指数集成的难度会进一步加大。

三、实证研究的可行性

首先，在数据收集方面，主要来源于"中国工业企业数据库""中经网统计数据库""中国报告网""各年度中小企业年鉴""Wind 数据库""国泰安 GSMAR"的相关数据；浙江智普资信评估有限公司提供多年来积累的近 2000 家企业的原始数据；通过访谈调研等方式获取的数据。这些数据相对全面且可以获得。

其次，在经验检验方面，主要采用了德尔菲法。该方法已经有百年的历史，直到今天依然在采用，具有一定的科学性。采用该方法，一是要设定系统的程序，采用匿名发表意见的方式，避免专家相互干扰。二是选取的资深专家一定熟知该行业该领域企业运营规律，熟知指标之间内在联系，只有这样，提出的建议才有参考意义。因此在采用德尔菲法来对理论研究的指标体系以及指标权重进行修正是完全可行的。

　　最后,在案例研究方面,借助信用评估公司提供分布于制造业、建筑业、批发零售业、交通运输业、住宿业、餐饮业以及信息和软件业等行业的小微企业,根据与智普评级结果的比对分析,可以更好地查找理论研究中需要借鉴提升的内容。根据研究的需要,可以对提供的小微企业样本进行深度访谈,进一步充实评价指标体系。

第三章　企业信用评价方法

关于企业信用风险的研究从古典信用分析到多元统计分析,到现在被大数据深度影响发展进程,随着数据收集的不断进步和模型改进方法的不断扩展,仍没有形成公认有效的企业信用评估方法。但企业信用的评估显然非常重要,原因有二:①作为早期评估系统,可以为企业提供经营发展上的预警,使得经营者更早做出决策;②资助金融机构对企业进行信用评级。然而由于信用风险本身的固有特点,一些模型和方法也存在各种缺点,因此有必要对这些模型和方法进行分析、比较和评价。

第一节　定性分析法

一、信用等级 5P 要素分析法

信用等级 5P 要素分析法包括个人因素、资金用途因素、还款财源因素、债券保障因素和企业前景因素。

1. 个人因素(personal factor)

个人因素主要包括企业经营者品德、企业经营者的还款意愿、借款人的资格和还款能力。

2. 资金用途因素(purpose factor)

资金用途因素主要一般包括生产经营、还债交税和替代股权三个方面。对于受到国家产业政策支持的项目或支柱产业,要给予支持;要分析贷款的安全性以确保贷款能够收回;对于替代股权的,则需要慎重考虑。

3. 还款财源因素(payment factor)

还款财源因素主要包括现金流量和资产变现能力。

4. 债券保障因素(protection factor)

债券保障因素主要有两个来源:内部保障和外部保障。

5. 企业前景因素(perspective factor)

企业前景因素主要包括借款企业的发展前景(产业政策、竞争能力、产品寿命周期、新产品开发情况);企业有无风险,是否存在可能导致财务状况恶化的因素。①

一般的企业评估是从以上 5 个方面进行分析的。实际上,理论界也有人提出了 4F 要素、5W 要素等说法,但都没有超出上述 5 个方面的范畴,详见表 3-1。评价对象不同,行业不同,评价的内容也不尽相同,但不会超过以上 5 个内容。

表 3-1　企业评估方法

分析方法	要素构成
4F	1. 组织要素(organization factor) 2. 经济要素(economic factor) 3. 财务要素(financial factor) 4. 管理要素(management factor)
5P	1. 个人因素(personal factor) 2. 资金用途因素(purpose factor) 3. 还款财源因素(payment factor) 4. 债券保障因素(protection factor) 5. 企业前景因素(perspective factor)
5W	1. 借款人(who) 2. 借款用途(why) 3. 还款期限(when) 4. 担保物(what) 5. 还款方式(how)

① 国内外理论界提出的会对资信状况产生影响及产生什么影响的学说,其实用性和完整性较其他学说要全面。

分析方法	要素构成
6C	1. 品德(character) 2. 能力(capacity) 3. 资本(capital) 4. 担保(collateral) 5. 经营环境(condition) 6. 事业连续性(continuity)

二、LAPP 原则分析法

LAPP 是 liquidity、activity、profitability 和 potentialities 的缩写,即流动性、活动性、盈利性和潜力。LAPP 分析法也是国际商业银行评价借款人信用的重要方法之一。

崔巍(1995)在《国际商业银行对企业信用的评价方法》一文中就明确表示流动性体现借款人采用流动资产来偿付债务的能力;活动性体现借款人业务活动的能力;盈利性体现借款人的获利能力;潜力体现借款人的业务发展潜力。

三、定性分析法的优势及不足之处

1. 优势

定性分析法根据已经确定的少数几个评价指标，由行业专家根据经验以及企业实际情况赋分，操作流程简单，可以迅速做出判断。

2. 不足

①属于定性分析，过分依赖专家的主观分析，且受限于专家的知识面。

②专家需要根据丰富的行业经验来逐一判别信用要素，导致评估效率较低。

③所选的指标可能会造成银行面临贷款组合过度集中的问题，从而酝酿更大的风险。

④没有明确的评价标准，使得不同时期的评审结果产生差异，造成信用评价结果前后不一致。

因此，为提高并保证企业信用评价模型的准确性和客观性，学者们开始探究更多的定量方法和模型。

第二节　定量评估法

一、单变量判别方法

早期对企业信用评估的定量评估主要有两种形式：一种是单变量模式，即运用单一变量评估企业信用；另一种是多变量模式，即运用多种指标来建立多元线性判别函数来评估企业的信用。最早运用第一种方法的是美国学者威廉·比弗（William Beaver）。

（一）概念

Beaver（1966）在 20 世纪 60 年代就通过单变量预警模型来对经营正常和经营失败的公司进行预测。他将参与研究的 158 家公司分为经常成功和经常失败两个小组，对它们进行了比较分析，发现债务保障率能够更好地体现公司的财务状况，误判率最低，最后得出现金流总负债比的预测效果更好的结论。

（二）模型设计

所谓单变量的线性判别分析，是指 X 是一维的，用 $f_k(x) = P(X=$

35

$x \mid Y = k)$ 来表示当观察点属于第 k 类时,自变量 X 的概率密度分布。假设 $f_k(x) = \dfrac{1}{2\pi} \exp\left[-\dfrac{(x-\mu_k)^2}{2\,\sigma_k^2}\right]$,$\sigma_1^2 = \sigma_2^2 = \cdots = \sigma_k^2$,即对于不同类别的数据,它们对应的 X 的分布的方差相同。那么就有

$$p_k(x) = \frac{\pi_k \dfrac{1}{2\pi}\exp\left[-\dfrac{(x-\mu_k)^2}{2\,\sigma^2}\right]}{\displaystyle\sum_{l=1}^{K} \pi_l \dfrac{1}{2\pi}\exp\left[-\dfrac{(x-\mu_l)^2}{2\,\sigma^2}\right]}$$

对于给定的 $X = x$,使得 $p_k(x)$ 最大的一类 k,就把 x 划分到第 k 类。

(三)应用

单变量判别模型最早是 Beaver 于 1966 年提出,他使用 5 个财务比率作为变量对 158 家企业做了单变量判定预测。吴世农和卢贤义(2001)对 140 家上市公司的 21 个财务指标进行了剖面分析,建立含有 4 个单变量的判别预测模型。

(四)单变量判别方法的优势及不足

1.优势

①单变量分析十分简单,不需要复杂的运算。
②如果能够选择合适的指标,会产生很好的效果。

2.不足

①显而易见,任何单个指标都无法全面地反映企业财务状况,因此无法在唯一的指标中得出企业运营情况从而对企业进行评价。

②单变量判别方法会很大程度地排斥其他指标的作用,选用不同的财务指标来分析,可能会得到不同的结果,结论的冲突就会使得分析毫无意义。

因此,解决单变量不足之处的一个途径就是能将多个变量融合到一个模型中,也就是多元判别模型。

二、多元判别方法

Scott(1981)认为,在评估企业信用时,多元模型是优于单指标模型的。

(一)概念

多元判别分析方法(MDA)是多元统计数学的一个分支,是根据已有的分类数据,确定判别准则并建立判别函数或者模型,再依据判别函数或者模型对样本数据进行分类的方法。其基本思路是多元观测值转变为一元观测值,从而使两总体的一元观测值差距尽可能大,保证内部差异最小化,外部差异最大化。判别方法可以按照建立判别函数的判别准则来划分,主要有:距离判别法、费雪(Fisher)判别法和贝叶斯(Bayes)判别法。

这几种方法中,距离判别方法比较直观。由已知分类的数据来计算各个类的中心,再根据需要划分的数据距离各个中心的距离远近来判断数据的所属类别。费雪判别函数应用较为常见。判别函数是由判别效率即类间方差与类内方差之比达到最大的情况下来求取。费雪判别要求存在二阶矩阵。贝叶斯判别方法的基本思想是从将错判损失降到最低的角度出发,寻找合适的判别函数。贝叶斯判别的前提是要对研究数据有认知,并且能够用先验概率分布来表示。通过获取新样本的数据来修正已有的信息则是后验概率。贝叶斯判别的思想较容易理解,但通常很难取得先验概率,因此实际应用并不广泛。

(二)模型设计

对两类别情况进行分析,设有两个类别总体 G_1 和 G_2,X 表示一个样本,由 p 个财务指标组成,则有

$$d_1^2(X,G_1)=(X-\mu^{(1)})E_1^{-1}(X-\mu^{(1)})^{\mathrm{T}}$$

$$d_2^2(X,G_2)=(X-\mu^{(2)})E_2^{-1}(X-\mu^{(2)})^{\mathrm{T}}$$

上面两式分别表示样本 X 到 G_1 和 G_2 距离,$\mu^{(1)}$、$\mu^{(2)}$、E_1、E_2 分别为 G_1 和 G_2 的均值和协方差阵。$\mu^{(1)}$、$\mu^{(2)}$、E_1、E_2 一般来说是未知的,可以通过样本来估计,设 $X_1^{(1)},X_2^{(1)},\cdots,X_{n_1}^{(1)}$ 是来自 G_1 的样本,$X_1^{(2)},X_2^{(2)},\cdots,X_{n_2}^{(2)}$ 是

来自 G_2 的样本，$\mu^{(1)}$、$\mu^{(2)}$ 的一个无偏估计 $\overline{X^{(1)}}$、$\overline{X^{(2)}}$ 分别为 $\overline{X^{(1)}} = \dfrac{1}{n_1} \sum\limits_{i=1}^{n_1}$

$X_i^{(1)}$ 和 $\overline{X^{(2)}} = \dfrac{1}{n_2} \sum\limits_{i=1}^{n_2} X_i^{(2)}$。$E$ 的一个联合无偏估计 $S_p = \dfrac{1}{n_1+n_2-2}(A_1 +$

$A_2)$。其中 $A_i = \sum\limits_{j=1}^{n_i} (X_j^{(i)} - \overline{X^{(i)}})(X_j^{(i)} - \overline{X^{(i)}})^{\mathrm{T}}$，$i=1,2$。可得一个判别函

数，具体表示形式为

$$W(X) = d_1^2(X,G_1) - d_2^2(X,G_2)$$

$$= (X-\mu^{(1)})E_1^{-1}(X-\mu^{(1)})^{\mathrm{T}} - (X-\mu^{(2)})E_2^{-1}(X-\mu^{(2)})^{\mathrm{T}}$$

于是判别规则定义为

$$\begin{cases} X \in G_1, & W(X) < 0 \\ X \in G_2, & W(X) > 0 \\ 待判, & W(X) = 0 \end{cases}$$

假设总体 G_1 的限幅为 k_1，总体 G_2 的限幅为 k_2，则判别规则可定义为

$$\begin{cases} X \in G_1, & W(X) < k_1 < 0 \\ X \in G_2, & W(X) > k_2 > 0 \\ 待判, & k_1 \leqslant W(X) \leqslant k_2 \end{cases}$$

在多个总体类别的情况下，判别函数为

$$W_{ij}(X) = (X-\mu^{(i)})E_i^{-1}(X-\mu^{(i)})^{\mathrm{T}} - (X-\mu^{(j)})E_j^{-1}(X-\mu^{(j)})^{\mathrm{T}}$$

其中，$\mu^{(i)}$、$\mu^{(j)}$、E 的无偏估计量 $\overline{X^{(i)}}$、$\overline{X^{(j)}}$、S_p 分别计算得

$$
\begin{cases}
\overline{X^{(a)}} = \dfrac{1}{n_a} \sum_{j=1}^{n_a} X_j^{(a)} & a = 1, 2, \cdots, k \\[3mm]
S_p = \dfrac{1}{n-k} \sum_{a=1}^{k} A_a & a = 1, 2, \cdots, k \\[3mm]
A_a = \sum_{j=1}^{n_a} (X_j^{(a)} - \overline{X^{(a)}})(X_j^{(a)} - \overline{X^{(a)}})^{\mathrm{T}} & a = 1, 2, \cdots, k
\end{cases}
$$

其中，$n = n_1 + n_2 + \cdots + n_k$；$i, j$ 为正整数。相应的判别规则定义为

$$
\begin{cases}
X \in G_i, & W_{ij}(X) < 0, \ \forall j \neq i \\
\text{待判}, & \text{某个} W_{ij}(X) = 0
\end{cases}
$$

其中，i, j 为正整数。

假设总体 G_i 的限幅为 k_i，则判别规则定义为

$$
\begin{cases}
X \in G_i, & W_{ij}(X) < k_i, \ \forall j \neq i \\
\text{待判}, & \text{某个} W_{ij}(X) \in \delta(k_i - \min(k_i))
\end{cases}
$$

其中 i, j 为正整数，$\delta(k_i - \min(k_i))$ 表示 $\min(k_i)$ 的某个邻域。

（三）应用

何亮亮（2007）运用多元统计分析方法，以 200 个上市公司为样本，证明 Fisher 模型和 LR 模型都具有较强的判别力，能为企业信用风险防范提供参考。整体而言，多元判别模型的设定往往需要与企业实际问题分析相结合，吴世农（2001）构造了 6 个指标的多元判别模型。杨莹和徐慎晖（2006）在上市公司的信用风险评估中应用多元判别，对我国证券市场出现的部分信用风险情况做出了较好的解释。

（四）扩展

1.基于多元判别的 Z 值模型

Altman(1968)最早建立了包括流动资本/总资产、留存收益/总资产、息税前收入/总资产、股权市值/负债面值、销售收入/总资产 5 个变量的 Z 值模型，一经推出，便引起各界的关注。在该模型中，首先选取一组最能反映企业财务状况和还本付息能力的财务指标，并从银行过去的贷款资料中分类收集样本，然后根据各行业的实际情况来确定各个指标的权重，相乘汇总得到 Z 值，最后对一系列样本的 Z 值进行分析，得到 Z 值或者值域就能衡量贷款的风险。后来，Altman(1977)在这个基础上开发了 Zeta 模型，Zeta 模型算出的 Z 值能够有效识别公司的信用级别。

这类 Z 值模型的优势体现在模型虽然建立困难但是使用方便，而且为关键指标及其权重的确定提供了一种思路。但是也存在一些不足：完全依赖于传统财务数据，因此具有短视性，不能以发展的视角看待企业信用；过于依赖样本的准确性，在样本部分缺失的情况下就不能得到模型；我国的小微企业财务数据可信度普遍不高，模型建立就更困难了。

2.主成分分析在多元判别分析中的运用

主成分概念由卡尔·帕森(Karl Parson)提出,他发现原始指标的重新组合可以变成一组含有大部分原始数据信息但指标个数较少的方法,这就是主成分分析法(1901)。主成分分析法对于指标评价具有以下优点:第一,消除指标间的关联度;第二,减少评价指标的数量。例如,Libby(1975)在引入主成分分析方法后,很好地解决了判别模型中存在的多重共线性问题。之后,Logit 财务困境预警模型开始兴起。

(五)多元判别方法的优势及不足

1.优势

多元线性判别法的预测能力要优于之前的评估方法,并且可操作性较强,能够对企业经营前景进行有效评估。

2.不足

①这是一个线性模型,而企业内部因素错综复杂,不太可能以简单线性形式呈现。

②需要满足多元正态分布的假设,因为线性判别里如果不是呈多元正态分布就不能用 F 检验对模型进行评价,未评价模型的适用性就难以保证,但信用评估所采用的财务数据大都违反了正态假设。

③多元判别模型受限于样本数据,并且受线性回归模型的假设限制,现实中常常存在样本量不足、不符合正态分布假设等问题。

四、Logit 模型

(一)概念

出于对线性判别模型局限性的思考,越来越多的学者考虑构建 Logit 和 Probit 模型。Logit 和 Probit 模型并不要求多元正态分布且协方差矩阵相等的假设。而且不必考虑财务数据呈非正态分布的问题,使得预测结果具有概率意义。

Logit 模型可以表示为

$$Y_{it}^* = \beta X_{it} + \mu_{it}$$

$$Y_{it} = \begin{cases} 1, & Y_{it}^* \geqslant 0 \\ 0, & Y_{it}^* < 0 \end{cases}$$

根据样本数据,通过迭代可以求出其最大似然估计值。概率模型也可以写作:$P(事件\,i\,发生) = P(Y=j) = F(解释变量:参数)$;二元离散选择模型就可以写成:$P(Y=1) = F(x,\beta)\,P(Y=0) = 1 - F(x,\beta)$,其中 $Y=1$ 表示企业信用良好,$Y=0$ 表示企业信用风险大。

（二）模型设计

Logit 模型通过标准化 Logistic 的累积分布函数的值，使其处于 $[0,1]$ 区间。事件发生的条件概率为 $p(y_i=1|x_i)=p_i$，进行变换得到 Logistic 回归模型，即

$$p(y_i=1|x_i)=p[\varepsilon_i\leqslant(\alpha+\beta x_i)]=\frac{1}{1+\mathrm{e}^{-\varepsilon_i}}$$

$$=\frac{1}{1+\mathrm{e}^{-(\alpha+\beta x_i)}}=\frac{\mathrm{e}^{\alpha+\beta x_i}}{1+\mathrm{e}^{\alpha+\beta x_i}}$$

出于实际需要，可以把它转化为线性函数。不发生事件的条件概率为

$$1-p_i=1-\frac{\mathrm{e}^{\alpha+\beta x_i}}{1+\mathrm{e}^{\alpha+\beta x_i}}=\frac{1}{1+\mathrm{e}^{\alpha+\beta x_i}}$$

则事件发生与不发生的概率之比：$\dfrac{p_i}{1-p_i}=\mathrm{e}(\alpha+\beta x_i)\geqslant0$

将这个比称为"事件发生比"，简称 odds。将 odds 取自然对数，得到：

$$\ln\left(\frac{p_i}{1-p_i}\right)=\alpha+\beta x_i$$

logit(y)，参数是线性的，值域为 $(-\infty,+\infty)$，且依赖于 x 的取值。

Logit 模型就是对事件发生概率的判断，二元 Logit 模型可以有效地检验二元响应的因变量与一组解释变量之间的相关性，一般采用"极大似然估计"方法。

（三）应用

Martin（1977）首次用 Logit 模型和判别分析法预测银行破产概率，发现两种方法的判断能力非常相近。Ohlson（1980）也在较早的时候应用 Logit 模型进行了企业评估。Collins 和 Green（1982）在研究中表明了 Logit 回归模型在信用评价方面要优于 Zeta 模型。Smith 和 Laewrence（1995）选用 Logit 模型进行了建模，并得出预测贷款违约最理想的变量。West（2000）采用 Logit 模型研究了金融机构的违约概率。Jone 和 Hensher（2004）使用混合 Logit 模型后显著提高了模型预测企业信用风险的准确性。Figini（2009）选择多种方法对德国 1003 家中小企业信用进行分析，最终结果表明 Logit 回归模型的预测准确性要明显高于其他信用风险评估模型。Bartual 等（2012）也认为 Logit 回归模型能够更好地预测企业的违约概率。

Samad（2012）建立 Probit 模型探究对美国商业银行信用风险造成影响的因素，发现 Probit 模型预测准确性也很高。Apergis 和 Payne（2013）也采用 Probit 模型分析了影响商业银行信用风险的因素。我国学者程建和朱晓明（2007）利用 Probit 模型模拟上市公司的违约情况，检验预测能力时进一步考虑样本依赖的问题，选择自抽样法随机抽取子样本对模型预测能力进行了检验。

（四）Logit 模型的优势及不足

1. 优势

①针对评估指标呈非正态分布且样本间协方差不相等情况，Logit 模型表现出良好的预测效果。

②Logit 回归模型不仅可以评估企业的违约概率，还可以用于企业信用评级。

③Logit 回归模型操作便捷、评估精确，信用评级机构在评估时更偏向于使用 Logit 回归模型，如经典的 CreditMetrics 信用计量（摩根大通集团，1997）、CreditModel 信用模型（标准普尔公司，1999）、RiskCalc 风险计量（穆迪投资者服务公司，2000）。

2. 不足

①由于 Logit 回归的决策面是线性的，处理非线性问题时容易出现过拟合的情况。

②高度依赖正确的数据，而且由于结果是离散的，只能预测分类结果。信息技术的进步降低了数据获取、管理和分析的成本，非参数模型开始引进企业信用的评估。人工神经网络（artificial neural networks，ANN）、支持向量机（support vector machine，SVM）、决策树（decision tree，DT）和遗传算法（genetic algorithm，GA）在信用风险评估中显示出

比 Logit 模型更好的性能。

五、KMV 模型

（一）概念

KMV 模型[①]基于期权定价理论，应用股票市场实时数据，量化评估上市企业的信用风险，根据股票价值及波动率推算出企业资产价值及其波动率，进而计算企业的预期违约概率（EDF）。由于股票市场交易数据可获得性强，KMV 模型也能够及时更新企业信用状况。

（二）模型设计

我国学者潘睿（2017）对 KMV 模型的设计提出了系统的看法。他认为 KMV 模型假设公司的资本结构是由股权、短期负债（相当于现金）和长期负债（类似于可持续养老金和可转换优先股）组成的。这样的假设来源于经典 Black-Scholes-Merton 模型，即期权股价模型。

KMV 模型假设公司的资本结构是由股权、短期负债（相当于现金）和长期负债（类似于可持续养老金和可转换优先股）组成。这样的假设来

---

① KMV 模型是美国旧金山市 KMV 公司于 1997 年建立的用来估计借款企业违约概率的方法，主要应用于上市企业信用风险评估。

源于经典 Black-Scholes-Merton 模型，即期权股价模型。

第一，模型假设当前公司的市场价值是由 5 个变量决定的：

$$E = V_a N(d_1) - De^{-r\tau} N(d_2)$$

其中

$$d_1 = \frac{\ln\left(\dfrac{V_a}{D}\right) + (r + \dfrac{1}{2}\sigma_a^2)\tau}{\sigma_a \sqrt{\tau}}$$

$$d_2 = d_1 - \sigma_a \sqrt{\tau}$$

$$N(d) = \int_{-\infty}^{d} \frac{1}{\sqrt{2\pi}} e^{-\frac{x}{2}} \mathrm{d}x$$

因此，公司股权价值波动率和市场价值波动率的关系如下：

$$\sigma_E = \frac{V_a N(d_1)\sigma_a}{E}$$

其中，V_a 为公司资产的市场价值；E 为公司的股权价值；D 为公司的负债价值；r 为无风险利率；σ_E 和 σ_a 分别代表公司的股权价值波动率和市场价值波动率；τ 为债务权限，一般设为 1 年。通过上述的方程组可见，有两个未知参数：V_a 和 σ_a。因此，我们首先要联立方程组求出上述两参数。

第二步，定义违约点(default point)。KMV 公司基于大量数据发现，最常见的违约点选取为短期负债和 50% 长期负债之和，即 DP＝SD＋50% LD。其中，DP 为公司违约点，SD 为公司短期负债，LD 为公司长期负债。

第三步，估算违约距离(default distance)。违约距离是一个相对概念，它是指公司的资产价值在风险期内到违约点的距离，可以作为一个比

较不同公司违约风险的指标。KMV 模型定义的违约距离为

$$DD = \frac{E(V) - DP}{E(V)\sigma_a}$$

其中,DD 为违约距离。

第四步,估算公司的预期违约概率(EDF)。在 KMV 模型中,预期违约概率和违约距离之间的映射关系是确定的,也就是说,确定映射关系是确定预期违约概率的先决条件。然而,由于我国信用风险体系的缺陷,企业违约或破产的统计数据缺乏,很难将预期违约概率和违约距离之间的映射在短时间内建立起来。因此,在本书中,由于这种映射的缺乏,笔者只计算理论上的预期违约概率。假设公司的资产价值是服从正态分布的,则

$$EDF = N(-DD) = p\left(-\frac{E(V) - DP}{E(V)\sigma_a} \leqslant \varepsilon\right), \varepsilon \sim N(0,1)$$

其中,EDF 为公司的预期违约概率的理论值。

(三)应用

关于 KMV 模型的应用探索,国内外学者都有系统的研究。在国外学者的研究中,Tudela 和 Young(2003)、Dwyer 和 Korablev(2007)分别将 KMV 模型与 Probit 模型、Z 值模型进行比较,结果证实 KMV 模型具有更强的预测能力。

国内学者对 KMV 模型的应用探索比较完善。在对模型理论进行阐述的同时,陈忠阳(2000)对该模型做了实证分析,与 Credit Metrics 模型

进行预测能力比较。黄薇薇(2012)应用大量验证工具来验证 KMV 模型,结论显示在信用风险较小的样本前提下,KMV 模型对公司风险判断的能力要优于 Z 值模型。在对模型扩展修正研究方面,我国学者也做了大量分析,比如闫海峰和华雯君(2009)修正股权价值波动率和资产价值及其波动率,使其具有更高的准确性。史小坤和陈昕(2010)应用 KMV 模型来修正商业银行风险的违约点。

(四)KMV 模型的优势及不足

1.优势

①KMV 模型融合了企业财务理论和期权理论,理论上的优势使其受到广泛的应用。因为整合了资本市场的各类信息,KMV 模型在上市公司的信用风险评估中被大量应用。

2②KMV 模型所需要的信息是企业当前的数据,因此能够更加准确描述企业当前的发展情况,当然,经过学者们的研究分析,KMV 模型的预测能力也很强。

③如果已经知道企业风险暴露和补偿率的话,那么运用 KMV 模型就可以求出预期违约损失和非预期违约损失。

2.不足

①KMV 模型整合了资本市场的各类信息,但由于信息的真伪并未

得到检验,因此模型的精确性无法得到保障。

②KMV 模型对数据必须真实的要求,使得其只能应用于上市公司,但陈磊(2014)指出,由于我国股票价格的大幅变动,往往也不能有效反映上市公司的市场价值,因此对我国而言也是有较多局限性。

③KMV 模型计算的前提是企业数据能够呈现正态分布,但是在实际情况中,很难保证这一前提。

六、灰色关联分析

(一)概念

灰色关联分析(gray relation analysis,GRA)是灰色系统理论的一个重要分支,通过灰关联度来体现指标因素间的关联或相似程度。企业信用子系统的结构、参数和特征都有典型的灰色特性,即影响系统的各因素相互联系又相互作用但又不完全清晰。与传统评价方法相比,灰色关联分析对数据的要求较低,没有特别的分布规律要求,非常容易理解。作为一种定性分析和定量分析相结合的综合评价方法,灰色关联分析在企业的信用评价中应用较广。其分析过程可分为 6 个子过程:①合理确定财务指标综合评价体系;②确定满意财务指标的数值并构成参考序列;③对评价指标值进行规范化处理;④确定关联系数矩阵;⑤确定企业信用评价指标的重要性权重;⑥对指标进行综合评判,确定各企业的关联度数值。

(二)模型设计

由于灰色关联度算法发展较为成熟,且计算量小,灵活性高。因此,简要介绍灰色关联度的模型设计。

$$y(x_0(k),x_i(k)) = \frac{\min\limits_{i}\min\limits_{k}\{|x_0(k),x_i(k)|\} + \xi\max\limits_{i}\max\limits_{k}\{|x_0(k),x_i(k)|\}}{|x_0(k),x_i(k)| + \xi\max\limits_{i}\max\limits_{k}\{|x_0(k),x_i(k)|\}}$$

其中,ξ 为分辨系数。

将特征序列设定为 $x_0 = (x_0(1), x_0(2) \cdots, x_0(n))$,因素序列设定为

$$x_1 = (x_1(1), x_1(2), \cdots, x_1(n)),$$

$$\vdots \qquad \vdots \qquad\qquad \vdots$$

$$x_m = (x_m(1), x_m(2) \cdots, x_m(n))$$

与关联系数相对应的关联度 $y(x_0, x_i)$ 就能够满足灰色关联的相关公理(李亚,2014)。计算步骤如下。

(1)计算序列初值

$$x_i = x_i / x_i(1) = \{x_i(1), x_i(2), \cdots, x_i(n)\}, i = 0, 1, \cdots, m$$

(2)计算差序列

$$\Delta_i(k) = |x_0(k), x_i(k)|, k = 1, 2, \cdots, n$$

$$\Delta_i = \{\Delta_i(1), \Delta_i(2), \cdots, \Delta_i(n)\}$$

（3）计算最大差值和最小差值

$$\Delta_{\min} = \min_i \min_k \{\Delta_i(k)\}, \Delta_{\max} = \max_i \max_k \{\Delta_i(k)\}$$

（4）计算关联系数

$$y_{0i}(k) = y(x_0(k), x_i(k)) = \frac{\Delta_{min} + \xi \Delta_{\max}}{\Delta_i(k) + \xi \Delta_{max}}$$

$$\xi \in (0,1) \quad i = 0, 1, \cdots, m \quad k = 1, 2, \cdots, n$$

（5）计算关联度

$$r_i = \frac{1}{n} \sum_{k=1}^{n} y_{0i}(k)$$

（三）应用

灰色关联评价是从已知信息去揭示未知信息从而探究信息间的关系的评价方法。这种方法在多个领域都得到了广泛应用。李向波和王刚（2007）构建多层次灰色关联综合评价模型对企业的竞争力进行了评价。戴峰和白庆华（2006）通过构建一个灰色关联模型，为虚拟企业有效评价合作伙伴信用等级提供了依据。谢爱荣等（2007）也在灰色系统的理论基础上，提出一种将定性与定量分析相结合并以定量分析为主的信用评价方法。

（四）灰色关联分析优势及不足

1. 优势

①灰色关联分析的计算简单，易于操作。

②评价指标体系只考虑收集到的数据木身，因此不需要对数据进行标准化处理，对原始数据即可进行分析。

③相较于其他方法，灰色关联分析的结果更加客观准确。

2. 不足

①在灰色关联分析的评价指标和指标体系要如何确定以及权重如何分配上需要更加深入的考虑。

②由于灰色关联分析确定的最优序列在不同的情况下是不一致的，并没有确定不变的标准，因此只能反映企业信用风险的相对水平而无法确定绝对水平。

七、支持向量机模型

（一）概念

支持向量机（support vector machine，SVM）模型最早是由 Vapnik（1995）

提出的。SVM 模型通过核函数非线性的映射，将初始的输入向量映射到一个高维特征空间。在高维空间中找到最优分类超平面，并且通过二次规划将数据用最大分类间隔隔开。

（二）模型设计

二分类 SVM 中包含：输入样本集 $\{x_i\}$，x_i 为输入变量，$x_i \in R^n$，i 是样本数且 $i=1,2,\cdots,m$；输出样本集 $\{y_i\}$，y_i 代表类别变量，且 $y_i=1$ 或 $y_i=-1$。x_i，y_i 构成了训练集 $\{x_i,y_i\}$，寻找一个线性分类面 $\omega \cdot x+b=0$，将空间划分为两个子空间，使不同类别样本位于不同子空间（此时称为训练样本线性可分），并最大化分类间隔。对于非线性问题，原样本空间中没有线性分类面，则将样本点通过事先确定的非线性映射——核函数（kernel function）实现从样本空间到高维特征空间的映射，在特征空间中寻找线性分类超平面，选用不同类型的核函数构造不同类型的 SVM。

$$H_1 = \{x : \omega \cdot x+b=-\Delta\}$$

$$H_2 = \{x : \omega \cdot x+b=\Delta\}$$

其中，H_1 和 H_2 分别表示两个类别边界的分隔面，则 H_1 和 H_2 之间的距离（margin）可以表示为：$M=\dfrac{2\Delta}{\|\omega\|}$

分类面 H 的位置与两类样本点的距离达到最大值时获得最佳泛化能力，定义 H 如下：

$$\omega \cdot x + b = 0, \|\omega\| = 1$$

$$\begin{cases} y = 1, if \omega \cdot x + b \geqslant \Delta \\ y = -1, if \omega \cdot x + b \leqslant \Delta \end{cases}$$

称为 Δ-分类超平面,Vapnik 证明了关于分类面的 VC 维上界定理:如果 x 包含在一个半径为 r 的球中,那么 Δ-分类超平面的 VC 维 h 有如下的界:

$$h \leqslant \min\left[\left(\frac{r^2}{\Delta^2}\right), l+1\right]$$

SVM 模型在线性可分情况下保证了经验风险为零,然后通过选择最大间隔控制分类面的 VC 维。

(三)应 用

Van Gestel 等(2003)将改进的支持向量机 LS-SVM 模型应用于信用风险评估。通过和普通最小方差、普通 Logistic 回归和多层感知机模型进行对比,证实改进的 LS—SVM 模型预测精度更高。Schebesch 和 Stecking (2005)使用基于线性核函数的 SVM 模型将信用申请者,分为典型申请者和关键类别的拒绝申请者。Baesens 等(2003)将 17 种不同的分类方法应用于 8 个不同的信用数据集中,发现 6 个方法分类精确性是最优的,并且 SVM 模型的预测能力要明显优于人工神经网络。

（四）SVM 模型的优势及不足

1.优势

①SVM 模型打破了人们对企业信用评价方法的传统认识,是综合多个财务指标的关联判别分析,具有科学性和合理性。

②SVM 模型在解决小样本的问题上能够显示出更大的优势,克服了"维数灾难"和"过学习"等传统困难。

2.不足

①经典的 SVM 模型是二分类模型,在对企业信用风险进行定级时,需要多个 SVM 模型或与其他模型相结合,形成一种优势互补的组合分类器。

②SVM 模型并不适合大规模训练的样本,因为它是借助二次规划来求解支持向量,样本个数过大时计算和存储将耗费大量的机器运算时间和内存。

八、决策树模型

（一）概念

决策树是由节点和边组成的。其中节点包括根节点、中间节点和叶节点。根节点是决策树的第一次分类,之后在每个中间节点选择规则对数据进行分类,使得数据空间被划分为更多的子空间。决策树模型可以依据算法对数据集自动执行。具体算法包括 ID3、C4.5 和 Cart 等。

(二)模型设计

ID3 是决策树模型中较为经典的一种,其中熵是由信息学家 Shannon 引入信息论用来描述信息的不确定性的。假设随机事件 α 只有有限个不相容的结果状态 $A_1, A_2, \cdots, A_n$,它们出现的概率为 $p(A_1), p(A_2), \cdots, p(A_n)$,定义事件 α 的熵为:$H(\alpha) = -\sum_{i=1}^{n} p(A_i)\log(p(A_i))$

由于一个系统的有序性与信息熵成反比,所以最优的解决方法就是让熵减少量最大的划分方法,划分后熵的减少量就是信息增量。因此,决策树分支的划分依据应该是选择最大的信息增量。

假设输入变量为 $X_1, X_2, \cdots, X_s$,定义熵信息减少量为 $I(\alpha, X_i) = H(\alpha) - H_{X_i}(\alpha)$。其中 $H_{X_i}(\alpha)$ 为事件 α 在事件 X_i 发生时的条件熵,$I(\alpha, X_i)$ 取值与表示决策树分类信息输入变量 X 呈正相关,那么就可优先将 X_i 作为分类标准对树根或者节点进行分离,直到达到最后分类中止准则时结束。

(三)应用

决策树模型具有分类规则直观、能够输出各属性重要性、分类精度高等优点,被广泛应用于多个领域。决策树模型最早由 Breiman 和 Friedman 分别独立提出,随后被引入信用评分领域,如 Coffman(1986),Ho(1988), Loris(2009),刘玉峰等(2013)等。刘玉峰等(2013)应用决策树 suBagging 的方法(Bagging 的改进方法,更加适用于信用评分数据的一些特性)对 UCI 数据进行了集成。结果表明,suBagging 决策树方法对个人信用评分的精确度有较大的提高。随机子空间集成和 Bagging 集成方法都能有效控制大量出现的噪声数据,同时对处理分散在所有特征集范围内的冗余信息有着很好的剔除效果。

(四)决策树模型的优势及不足

1.优势

决策树模型理论较容易理解,并且计算量相对较小。

2.不足

①实际应用中对有时间顺序的数据比较难预测,需要完成很多的预处理工作。

②研究问题往往不是单一的,随着复杂性的增加,决策树模型会经常出现组合爆炸,导致效率不高。

③由于研究数据的属性真值也有一定的置信度,决策树模型不能处理构建和分类过程中的这类不确定数据。

九、遗传算法

（一）概念

Thomas 等认为遗传算法是搜寻潜在解决方法的过程，通过在候选方案中搜寻替代找出最有效的解决方案。遗传规划（GP）过程通过自然选择，依照"物竞天择，适者生存"的方法，通过一代一代的遗传、交叉、变异等过程进化出问题的最优解。

（二）模型设计

首先假设存在一个问题，问题的可行解就是一个染色体，可行解中的各个元素就是染色体上的基因。求解问题经过 N 代的遗传，每次迭代都会产生若干条染色体，其中的适度函数会对染色体进行评分，最后留下适应度高的染色体进行接下来的遗传，将适应度低的染色体淘汰，因此理论上讲，染色体的质量会越来越高。

首先初始化参数，并且设置最大的迭代进化次数，随机生成 M 个个体作为初始种群 $P(0)$；然后计算当前种群中各个个体的适应度；再通过选择（将优秀的个体组合交叉配对遗传到下一代种群中）、交叉、变异的过程，直至达到最大迭代次数，其中具有最优适应度的个体作为解输出。

（三）应用

Ong（2005）在信用风险评估中采用遗传算法进行分析，并且与其他模型对比发现遗传算法准确度更高。之后，Huang 等（2006）提出用改进的遗传算法——两阶段算法规划方法对信用进行评分。与神经网络相比，遗传规划的优点在于其能够决定合适的判别函数。孙瑾和许青松（2008）引入遗传算法，结合 SVM 模型对个人信用进行评价。

（四）遗传算法的优势及不足

1. 优势

1）遗传算法搜索从群体出发，具有潜在的并行性，全局搜索能力较好，可以快速将解空间中的全体解搜索出来，而不会陷入局部最优解的快速下降陷阱，稳健性高。

2）遗传算法以生物进化为原型，具有很好的收敛性，同时具有可扩展性，容易与其他算法结合。

2. 不足

1）遗传算法的编程实现比较复杂，首先需要对问题进行编码，找到最优解后还需要对问题进行解码。

2)遗传算法的局部搜索能力较差,导致单纯的遗传算法比较费时,在进化后期的搜索效率较低。

十、人工神经网络模型

(一)概念

通过对上述模型的综合分析,我们可以很明显地看出企业的财务状况信息关系是非线性的,大量结果显示,许多指标是不呈正态分布的。因此,传统的分类方法不能很好地解决这个问题,作为研究复杂性的有利工具,人工神经网络(ANN)模型是一种非线性建模,其内部非线性模式不需要详细了解,建模非常便利。因此,ANN模型也被广泛应用于信用风险的评估中。

ANN模型是基于人类大脑工作原理的非线性方法,能够识别输入变量和输出变量之间的复杂模式,从而预测新的输入变量对应的输出变量。Dutta 和 Shekhar(1988)首次将 ANN 模型用于债券信用评级。Jensen(1992)通过实证说明了标准的 BP 神经网络在贷款分类上的应用。Altman 等(1994)对比了神经网络和多元判别分析的结果。Coats 和 Fant(1993)证明了神经网络要比多元判别分析更为有效。

（二）模型设计

神经网络自出现以来，发展出很多具有代表性的模型，下面主要介绍经典的 BP 神经网络模型算法。

假设整个网络只有一个输出，其他任何结点 i 的输出为 s_i；若有 N 个样本 (x_k,y_k)，$k=1,2,\cdots,N$，则对某一样本 (x_k,y_k)，结点 i 的输出为 s_{ik}，中间层与输出层的任一结点 j 接收上一层的输入为 $\mathrm{net}_{jk}=\sum\limits_{i}\omega_{ij}s_{ik}$，其中 i 为与结点 j 相连的上一层结点，此时，结点 j 的相应输出为 $s_{jk}=f(\mathrm{net}_{jk})$。这样，根据输入 x_k 就可逐层求出各中间层和输出层的所有结点的输出值，这个计算过程为正向过程。对 N 个样本 (x_k,y_k)，$k=1,2,\cdots,N$，其均方型误差函数为

$$E=\frac{1}{2}\sum_{k=1}^{N}(y_k-l_k)^2$$

其中，l_k 为 BP 网络输出层结点对第 k 个样本的实际输出，此时对样本 k 的误差为：

$$E=\frac{1}{2}(y_k-l_k)^2$$

设 $\delta_{jk}=\dfrac{\partial E_k}{\partial \mathrm{net}_{jk}}$，结点 i 为与结点 j 相连的上一层结点，于是

$$\frac{\partial E_k}{\partial \omega_{ij}}=\frac{\partial E_k}{\partial \mathrm{net}_{jk}}\frac{\partial \mathrm{net}_{jk}}{\partial \omega_{ij}}=\frac{\partial E_k}{\partial \mathrm{net}_{jk}}s_{ik}=\delta_{jk}s_{ik}$$

设 BP 神经网络分为 M 层，第一层为输入结点层，第 M 层为输出结

点层,对样本(x_k, y_k),继续从输出层开始依次反向计算各结点间的$\dfrac{\partial E_k}{\partial \omega_{ij}}$。

第一步,计算输出层(第 M 层)结点 j 的δ_{jk},此时,由$l_k = f(net_{jk})$,可知

$$\delta_{jk} = \frac{\partial E_k}{\partial l_k} \frac{\partial l_k}{\partial net_{jk}} = -(y_k - l_k) f'(net_{jk})$$

第二步,依次计算第 $M-1$ 层,第 $M-2$ 层,$\cdots$,第 2 层的各层结点 j 的δ_{jk},则有

$$\delta_{jk} = f'(net_{jk}) \sum_M \delta_{mk} \omega_{jm}$$

其中,m 为与 j 相连接的下一层的结点。

第三步,计算$\dfrac{\partial E_k}{\partial \omega_{ij}}$。

(三)应 用

Jensen(1992)将标准向后的神经网络应用于信用评分。Desai(1996)等学者应用多层感知机、线性判别、Logit 模型和神经网络模型,进行模型的比较研究。West(2000)对 5 种神经网络模型在信用评估中的精确性进行了研究,这 5 种神经网络模型分别为多层感知机(MLP)模型、专家系统混合模型(MOE)、径向基模型(RBF)、学习向量量子化模型(LVQ)和模糊适应性模型(FAR),这五类模型得到的结果相似。在 20 世纪 90 年代,神经网络模型由于理论难度大、训练难等因素逐渐被支持向量机模型所取代。21 世纪初,随着深度学习的提出,人工神经网络再

次成为研究的热点。

（四）人工神经网络模型的优势及不足

1. 优势

①神经网络模型可以处理多元回归不能模拟的非线性数据关系，并且不需要变量分布的假设，可以直接从训练集中获取，从而能更准确地模拟现实情况。

②具有自学习功能和联想存储功能，有高速寻找优化解的能力，在解决高维问题、大样本问题和局部最小问题等方面具有较好的优势。

2. 不足

①在神经网络模型中无法准确了解非线性的过程，使得模型中间的构建是个"黑匣子"，细微数据的变化都可能会带来结果的巨大差异。

②无法根据网络的连接权判断输入变量的相关重要性。

第四章 招投标领域构建信用体系建设的背景与意义

第一节 构建招投标领域信用体系建设的背景

一、招投标领域信用体系建设，是社会信用体系建设的重要组成部分

全面推动招投标领域信用体系建设，是《中华人民共和国招标投标法》《中华人民共和国招标投标法实施条例》《社会信用体系建设规划纲要（2014—2020 年）》《浙江省社会信用体系建设"十三五"规划》《杭州市人民政府办公厅关于印发杭州市社会信用体系建设"十三五"规划的通知》等一系列政策文件的明确要求。

《中华人民共和国招标投标法》规定，"招标投标活动应当遵循公开、

公平、公正和诚实信用的原则";在《中华人民共和国招标投标法实施条例》中也明确由"国家建立招标投标信用制度"。2014 年颁布的《社会信用体系建设规划纲要(2014—2020)年》指出,在招投标领域的信用体系建设中,要加强政府信用监测,强化联动惩戒,建立涵盖招标投标情况的信用评价指标和评价标准体系,鼓励市场主体运用基本信用信息和第三方信用评价结果,并将其作为投标人资格审查、评标、定标和合同签订的重要依据。

《浙江省浙江省招标投标条例》(以下简称《条例》)中也多次提及招投标领域信用体系建设的重要性。《条例》第三条指出"招标投标活动应当遵循公开、公平、公正和诚实信用的原则",第四十五条规定"建立全省招标投标信用档案和公示制度,对全省范围内的招标投标活动进行信用记录,对不良行为和违法行为予以公示。建立全省招标投标统计报表制度,对全省范围内的招标投标活动进行调查统计分析"。

《浙江省社会信用体系建设"十三五"规划》中对招投标领域信用体系建设也有明确建设目标,指出要健全完善社会组织信用记录和失信"黑名单"制度,深入推进社会组织评估等级、信用记录在招标投标等方面的应用。

《杭州市人民政府办公厅关于印发杭州市社会信用体系建设"十三五"规划的通知》(杭政办函〔2016〕117 号)在招标投标部分明确指出要"探索建立全市统一的招标投标服务平台,实现招标投标和合同履行等信用信息的互联互通、实时交换和整合共享。完善招标投标领域信用信息公开和共享及不良信用记录公示等信用管理制度。推进建立招投标企业红黑名单制度。鼓励市场主体运用公共信用信息和第三方信用评价结果"。

二、招投标领域信用体系建设，是转变政府职能、提升信用治理能力的重要举措

国务院办公厅印发《关于加快推进社会信用体系建设构建以信用为基础的新型监管机制的指导意见》（国办发〔2019〕35号）指出，要深入推进"放管服"改革，进一步发挥信用在创新监管机制、提高监管能力和水平方面的基础性作用。在招投标等重要领域，以信用监管为着力点，创新监管理念、监管制度和监管方式，建立健全事前、事中、事后全监管环节的新型监管机制，提升监管能力和水平。

最高人民法院与国家发展改革委等九部门于2016年8月联合发布了《关于在招标投标活动中对失信被执行人实施联合惩戒的通知》，提出四项惩戒措施：一是限制失信被执行人的投标活动。对于依法必须进行招标的工程建设项目，招标人将在招标公告等招标文件中明确规定评标标准，在评标阶段对失信被执行人予以限制。对于两个以上的自然人、法人或者其他组织组成一个联合体，以一个投标人的身份共同参加投标活动的，应当对所有联合体成员进行查询，一旦联合体中有一个或一个以上成员属于失信被执行人，即对联合体进行整体限制。二是限制失信被执行人的招标代理活动。招标人在委托招标代理机构开展招标事宜时，将优先选择无失信记录的招标代理机构，推动招标活动更加规范、高效。三

是限制失信被执行人的评标活动。《通知》明确了相关单位不得聘用失信被执行人为评标专家，对聘用期间成为失信被执行人的评标专家，要及时清退。四是限制失信被执行人的招标从业活动。招标人、招标代理机构在聘用招标从业人员时，将对失信被执行人予以限制，对从业期间成为失信被执行人的招标从业人员予以处理。该文件的推出，对地方招投标领域信用体系建设起到了引领和促进作用，为我国信用体系建设迈向新台阶打下了坚实的制度基础。

三、招投标领域信用体系建设，是提高公共资源使用效率，优化招标投标领域营商环境的重要保障

招投标领域长期存在的一些违法失信现象，严重破坏了招投标领域竞争环境，损害了公共利益。因此，迫切需要建立一个统一规范、公开公平、竞争有序的招标投标市场，维护公平竞争的市场经济秩序。建立招标市场规范标准，通过强有力的法律法规构建与实施，形成企业间良性竞争，实现生产要素在不同地区、部门、企业之间自由流动和组合，促进市场资源的最佳配置，为招标人选择符合要求的供货商、承包商和服务商提供机会，以实现招投标活动的公开、公平、公正。

国务院《整合建立统一的公共资源交易平台工作方案》（国办发〔2015〕63号）要求，公共资源招标投标要着力实现从重视行为监管向强化信用管理转变，将市场主体信用信息和公共资源交易活动信息作为实施监管的重要依据，健全守信激励和失信惩戒机制。开展招标投标信用

体系建设,有助于促进公共资源招标投标决策的科学化和民主化。促使企业增强信用意识,改善经营管理,提高公共资源有效配置,优化营商环境。

第二节　招投标领域信用体系建设的现状

党中央、国务院和浙江省委省政府对社会信用体系建设的高度重视以及全面深化改革的大背景,对招标投标领域信用体系建设提出了更高、更新、更全的要求。当下,招投标领域违法失信问题仍然突出,信用体系建设迫在眉睫。浙江省是全国招投标领域信用体系建设先行先试省份之一,起点早,基础好,取得了一些成效,也留下了一些经验和教训。在"招投标领域政务诚信建设""工程建设领域招标投标信用建设"方面取得了一些成效,但仍然需要花更大的力气,花更多的精力,持续推进该领域不断取得突破。需要学习和借鉴全国各地在该领域近些年实践中取得的成功经验和做法,努力提升自身建设水平。

一、招投标领域信用建设亟待加强

当前招投标领域失信行为依然频繁发生,规避招标、虚假招标、围标串标、转包挂靠、伪造业绩、履约失信等违法违规现象仍然时有发生,特别是重大质量事故和重大腐败案件,与监督体系不健全、信息不畅通以及制度设计不完善有密切关系。它不仅扰乱了市场秩序,也给工程质量埋下隐患,不仅滋生工程建设腐败,而且影响行业的健康发展。如失信者不能受到严厉惩处,最终有损政府公信力,因此加快招投标领域信用体系建设就显得十分紧迫,严格规范招投标程序,将信用信息最大限度地公开与应用,让招投标活动更透明、更广泛地接受社会监督,能够有效地预防和遏制腐败,保证工程建设质量。

2018 年,国家发改委联合住建部等 24 个大部委发布《关于对公共资源交易领域严重失信主体开展联合惩戒的备忘录》,对招标代理机构、招标人、投标人、评标委员会成员、中标人、采购人、采购代理机构等参与招投标过程中的违法失信行为,予以联合惩戒,并且明确了联合惩戒的措施和联合惩戒的实施方式,以有效遏制招投标领域违法失信人恶意逃避、拒不执行等不诚信行为,净化招投标领域市场环境。

二、各地招投标领域信用体系建设实施现状

(一)浙江省在招投标领域的信用体系建设探索

浙江省是全国招投标领域信用体系建设先行先试省份之一。早在2008 年,浙江省发改委为科学发挥招投标在配置市场资源中的竞争作用,进一步加强全省招投标领域的信用体系建设,根据《浙江省招标投标条例》《浙江省企业信用信息征集和发布管理办法》的有关规定,探索在全省重点建设工程招投标领域推行企业信用报告制度,颁布了《关于在全省重点建设工程招标投标领域应用企业信用报告的通知》(浙发改法规

〔2008〕172 号）。但信用报告制度在实施过程中，遇到了一些问题。2015年，浙江省发改委为进一步规范信用服务市场，加强重点建设工程招投标领域信用体系建设，从源头上预防并遏制腐败行为，制定了《浙江省重点建设工程招标投标领域信用服务机构选择暂行办法的通知》。2017 年，经浙江省发展改革委第 23 次主任办公会研究，为落实"放管服"改革精神，全面推进依法行政，加强法治机关建设，根据《浙江省行政规范性文件管理办法》（省政府第 275 号令），浙江省发改委对重点工程招投标领域信用报告应用的有关文件进行了专门清理，最终决定废止《关于在全省重点建设工程招标投标领域应用企业信用报告的通知》，这也为浙江省探索招投标领域信用建设留下了经验和教训。

（二）湖北省在招投标领域的信用体系建设探索

湖北省大力推进招投标领域信用体系建设。该省社会信用体系建设领导小组将招投标领域信用体系建设确定为该省社会信用体系建设六个行业性试点之一，并在 2016 年颁布的《湖北省招标投标领域信用体系建设规划（2015—2020 年）》中明确指出，到 2018 年，基本建立招标投标信用体系的基础框架；到 2020 年，形成相对完善的招投标信用体系。

1. 全面推进阶段（2015—2018 年）

这一阶段以招投标信用制度、信用信息记录、招投标信用信息平台、信用评价、失信行为联合惩戒等五大基础内容为建设重点，进一步推进在招标投标领域的信用体系建设工作。到 2018 年,建成省、市、县三级完善的招标投标信用组织体系;招标投标信用制度及标准体系基本建立;招标投标信用信息平台基本建成运行,常态化、规范化的招标投标信用记录归集与信用信息服务机制基本形成;招标投标信用体系建设试点示范效果明显;招标投标信用评价体系基本搭建;招标投标守信激励和失信惩戒机制切实发挥作用;招标投标信用服务市场初步形成,招标投标信用服务产品得到运用;招标投标信用信息主体权益保护机制初步建立;招标投标领域诚信宣传教育、诚信文化活动、社会诚信实践广泛开展,社会招标投标诚信意识明显提高。

2.巩固提升阶段(2019—2020 年)

到 2020 年,建成国内较为先进、体现湖北特色、与湖北省招标投标事业发展相适应的招标投标信用体系。招标投标领域的信用基础性体系基本构建,即一方面建成完善的法规制度和标准体系,另一方面基本建成以社会基本信用信息资源共享为基础的覆盖招标投标领域的征信系统。招标投标信用评价开展较为规范,评价结果得到较好运用,招标投标信用监管体制基本健全,招标投标信用服务及信用信息主体权益保护机制相对完善,守信激励和失信惩戒机制全面发挥作用。

招标投标领域诚信建设取得明显成效,招标投标市场和社会满意度大幅提高。招标投标诚信意识普遍增强,信用环境明显改善,市场秩序显著好转,成为“信用湖北”建设的一个重要组成部分。

2017 年,该省公共资源局公告全省公共资源招标投标违法违规信息 362 条,信息量同比增长 90％;率先在全国同行中实施招投标不良行为量化积分管理。截至 2017 年,"湖北省公共资源招标投标信用信息平台"累计集中公布招标投标信用信息 2070 条、"黑名单"178 个、信用承诺书 3400 余份、联合奖惩案例 22 个。该平台受到社会广泛关注,累计接受公共资源交易主体查询 3 万余次。省公共资源局还累计向"信用湖北"网站传送招投标信用信息 1810 条,目录事项覆盖率、数据合格率、报送及时率均达 100％,信用信息做到"应报尽报,实时传送"。①

三、招投标领域信用体系建设存在的问题

(一)信用报告产品供给与不断变化的招投标信用监管需要脱节

1. 信息采集渠道手段传统,采集范围有限,动态及时性欠缺

招投标领域信用报告披露企业基本信息、经营信息、财务信息、公共信用监管信息、投标监管信息以及重点工程项目中标与履约信息等,基本涵盖招投标信用监管所需要的信息。信用服务机构一般采用现场调查取证、网站人工搜索以及函证调查等方式取得报告评价所需信息。

---

① 数据来源:湖北省公共资源交易信用信息平台。

现场调查取证只能取得企业部分内部信息，且易受人为干扰；政府信用信息平台所采集的政府部门公共信息是政府履职信息，没有涉及企业经营信息；注册地在省外且当地未建设公共信用平台的企业，只能到主管部门函证；中标与履约信息的现场核查以及函证调查因项目调查的复杂性而流于形式；政府对信息公示的规范式管理造成后期网站人工搜索信息非常有限；信用报告一年有效，虽有跟踪报告要求，但受制于成本以及手段等问题实质上并未得到有效执行。2010 年以后，随着政府公共信用信息平台化、信息化，大数据信息技术的突飞猛进，信用服务机构信用信息采集方式已经跟不上不断变化的投标信用监管需求。

2.招投标重要相关评价不到位

目前，中标后项目履约问题比较突出，如施工质量、施工管理人员到位、施工进度、造价等方面存在较多违反投标约定等现象，中标后不严格履行相应承诺，严重扰乱了招投标市场。因此，重点工程项目中标与履约信息是在评价标准中分量较高，招投标信用监管部门所关心的重点领域。但是，企业信用报告这部分信用评价由于采集手段、调查成本等因素，评价与披露的完整性和公信力比较欠缺，不能有效起到参考并约束投标企业的作用。

3.信用产品比较单一

招投标领域信用评价结果主要包括、信用计分、信用等级，招投标信用监管部门往往根据这些结果,限制入围或者按照不同等级赋分等,而这产生了两个问题。一是受制于信用服务机构专业水平以及技术手段,在企业信用报告中对企业信用风险挖掘与展示不够;二是每年在政府信用信息平台网上公示的企业数量有限,信用监管部门整合数据以及挖掘数据的深度不够,不能为招投标信用监管部门提炼多样化、多角度、深入的信用产品。

(二)恶意市场竞争导致信用服务机构公信力缺失

招投标领域信用评价引入市场化的信用服务机构是一项重大的制度创新,随着业务规模逐年上升,信用服务机构的数量也在急剧增加,但并没有给信用评价体系带来大的变革。

1.信用服务机构欠缺独立性的约束机制

招投标领域信用产品应用场景狭窄,集中度很高,同质化严重且竞争激烈,评价对象付费机制,造成对信用服务机构"独立性"的天然损害。中小信用服务机构人员较少,市场与评价人员交叉并与考核挂钩,必然出现违反信用评价"独立性"的种种行为。近十年间,购买等级、按级收费以及协同造假等恶劣行为十分泛滥,严重影响了行业声誉,信用监管部门与招投标监管部门对企业信用报告的公信力产生较大质疑。

2.信用服务机构逐利性导致尽职调查不到位,评价标准未按照规范执行

信用服务机构市场生存压力及盈利欲望大于执业质量提升动力。一是信用服务机构偏重市场拓展,对专业水平建设与创新投入不足;二是为节省成本,缩减必要的尽职调查程序;三是违反执业操守,与受评企业合谋曲解评价标准,提高等级,谋取非法利益。

3.信用服务行业发展初期信用服务机构践行守诺意识比较差

为规范市场竞争,各省的信用协会和信用服务机构联合发布了《信用服务机构自律公约和收费标准》,但实际上均未有效执行,一些机构通过低价竞争占据了较大市场份额,靠低价取胜某种程度上也决定了评价质量不能得到保证。近十年来,信用服务行业形成了劣币驱除良币的现象,也为后期信用报告制度变化起到了推波助澜的负面作用。

(三)在信用监管日益重要的大环境下,招投标信用监管意识反而退潮

为落实"放管服"改革,推进依法行政、简政、放权,以浙江省为例,浙江省发改委先后发布《关于废止〈关于在全省重点建设工程招标投标领域应用企业信用报告的通知〉的通知》和《关于在全省重点建设工程招标投标领域应用企业信用报告的通知》,对浙江省重点工程招投标领

域信用监管未来方向提出新的挑战。

实践证明,浙江省重点工程招投标领域使用信用报告对于规范招投标交易市场,提升投标企业信用意识具有重要作用。取消信用报告制度后一段时间,浙江省招投标领域信用监管未见创新,基本采用"信用中国"或者"信用浙江"归集的公共信用记录,区分度不高,联合惩戒力度不够,浙江省社会信用体系建设在信用服务市场培育与应用创新上已经落后于其他省(区、市)。近十年实践也证明,信用服务行业监管未有效到位造成信用服务机构发展不规范,不代表信用监管不重要,招投标信用监管仍需要在曲折过程中发展前进。

第五章 招投标领域信用监测及预警体系的构建

第一节 招投标企业信用监测体系设计的总体思想

一、重构新型信用监管机制的思路

根据国办发〔2019〕35 号《关于加快推进社会信用体系建设构建以信用为基础的新型监管机制的指导意见》的精神,创新事前环节信用监管,加强事中环节信用监管,完善事后环节信用监管。基于当前招投标领域的业务流程,需要进一步完善以下内容:①采取各种措施加快各地信用信息平台的互联,消除信息流通中的障碍,最终实现全国信用信息的共享。②统一信用评价标准,主要根据信用监测指数以及针对当前招投标领域突出的问题建立企业信用评价体系。③构建统一的信用奖惩机制，在招投标的各个环节和相关领域融入信用建设，借助教育、行政、法律、经济和舆论等各种手段对失信行为进行综合整治。

二、兼顾微观评价与宏观监测的思路

招投标企业信用监测评价方法及预警指标体系再设计的时候，要注重微观企业信用评价，在完善的企业信用评价基础上，构建企业信用指数。企业微观信用评价，从方法来看，招投标领域信用预警体系包含了领域分类信用体系的编制、维度分类的编制、满足CHME评价理论的综合指数编制以及指数分析方法等；从内容来看，以个体信用监测为突破，深入重点行业和重点领域；从应用来看，招投标信用监测预警体系要构建一个信息系统，对接城市的信用信息平台。

企业宏观信用监测，监测内容经济化，信用是一个经济学概念，因此招投标领域信用监测既要体现精神文明的诚信道德水平，也要体现参与招投标领域的企业经济水平。

三、规范招标业务的思路

在诚信行为监测方面，对企业的企业荣誉、工程获奖、企业活力、良好信誉、社会公众满意度等方面实施项目完成后的诚信行为测评使之成为企业进入招投标领域的一个动态门槛。

在企业信用能力监测方面,对企业总体企业素质、项目管理、保障能力、运营能力等方面实施能力测评,通过监测确保企业的信用能力与业主方的招标业务匹配,使业主方的项目保质保量地完成。

在企业预警监测方面,根据企业历史中标次数、历史中标总金额、历史失信等事前诚信行为信息,对招投标前的诚信风险实施测评与预警,确保在司法、运营、债务以及舆情等方面对企业进行预警监测。

第二节　招投标领域信用监测体系的整体架构

招投标企业信用监测及预警体系由诚信行为监测体系、信用能力监测体系、信用指数监测体系和信用风险预警监测体系四个子体系构成。

一、基于事前监管的诚信行为监测体系

诚信行为监测体系侧重于参与招投标项目的企业诚信行为评价,包括企业以往参与招投标全流程(事前、事中和事后)各类守信行为和失信行为的监测评价,同时还包括企业在法院、工商、市场、税收、环保、人社、质检、安监等多个领域的守信行为和失信行为的监测评价。

二、基于事中监管的信用能力监测体系

信用能力监测体系是对参与招投标企业全方位信用能力的综合评价，既包括企业的诚信行为监测评价，也包括企业的履约能力监测评价，具体体现为对企业信用素质、项目管理能力、保障能力和运营能力的监测评价。

三、基于事后监管的信用指数监测体系

根据企业信用评价的综合结果，构建招投标领域信用指数，从宏观的视角反映招投标领域信用体系建设情况。将招投标领域信用指数构建为一个信息系统。从测度内容看，信用指数监测体系包括招投标领域发展指数、招投标领域景气指数、招投标领域企业信心指数、招投标领域企业信用能力指数。发展指数侧重于考察企业现在与过去的对比，景气和信心指数侧重于考察企业对未来态势的发展信心，信用指数则是招投标业务活动中最本质的核心指标。指数体系的建构要满足 CHME 评价理论的综合指数编制原理以及指数分析方法等。

四、基于事前事中事后全流程监管的信用风险预警监测体系

信用风险预警监测体系是对参与招投标企业各类风险信息的归集汇总和监测预警，运用大数据技术，对信用风险指标的非正常变动进行动态监测，判断是否需要引起关注或是否已经超过正常波动的范围，从而对企业的信用风险状况进行动态监测和早期预警，实现"防患于未然"的一种"防错纠错机制"。

第三节　招投标领域信用监测体系
的设计思路

一、诚信行为监测体系设计

（一）体系概述

招投标企业诚信行为监测评价是指对参与招投标企业诚信行为的综合评价。招投标企业诚信行为评价体系从招投标行为监测、政府职能监测、大数据平台监测 3 个维度展开。其中，招投标行为监测维度下包含 3 个二级指标，分别为事前诚信行为、事中诚信行为以及事后诚信行为；政

府职能监测维度下包含 6 个二级指标,分别为市场监管局监测、环保监测、税务监测、人力与社保监测、安全生产监测以及其他行政监测;大数据平台监测维度下包含 2 个二级指标,分别为第三方信息和舆情监测信息。另外,招投标企业诚信行为评价体系中针对二级指标的具体含义以及数据的可获性,具体展开得到 36 个三级指标,详见表 5-1。

表 5-1　诚信行为评价体系

一级指标	二级指标	三级指标
招投标行为监测 (35%)	事前诚信行为	历史中标次数
		历史中标总金额
		历史失信信息
	事中诚信行为	质安监部门问题抄告
		整改完成率(安监)
		整改回复率(安监)
		企业自查记录不达标情况
		工程文明施工
		合同履约
	事后诚信行为	企业荣誉
		工程获奖
		企业活力
		良好信誉加分
		社会公众满意度

一级指标	二级指标	三级指标
政府职能监测 （40%）	市场监管局监测	红名单加分值
	环保监测	绿色生态
		环保投诉率
	税务监测	企业信用等级
		信用行为进步值
		行政处罚
政府职能监测 （40%）	人力与社保监测	红名单加分值
		审查等级
	安全生产监测	施工安全及文明施工
		工程质量
		责任主体信用
		无质量投诉行为
		其他
	其他行政监测	行政处罚
		不良信息
		信用被扣分值
大数据平台监测 （25%）	第三方信息	开庭公告次数
		法律诉讼次数
		法院公告次数
		天眼评分
	舆情监测信息	新闻舆情
		情绪评分

(二)一级指标解读

1.招投标行为监测

招投标诚信行为是反映市场主体信用的重要指标,是量化综合诚信行为的重要参考依据。根据招投标业务的流程以及国办发〔2019〕35号《关于加快推进社会信用体系建设构建以信用为基础的新型监管机制的指导意见》的精神,将招投标行为监测分为三个层面,即事前诚信行为体系、事中诚信行为体系以及事后诚信行为体系。其中,事前诚信行为体系,即招投标业务准入体系,该体系相对简单一些,主要是对一些劣迹斑斑的企业进行过滤。根据招投标业务开展的需要,针对企业资质、规模、产品质量等要素,以及是否存在被列入黑名单等不良信息、在其他业务进展中业主方及其民众有无负面反馈信息等进行综合信用评价。事中诚信行为体系,即中标单位的遴选及管理。如果说事前的信用监管体系侧重企业的诚信评价,那么事中的信用监管体系则侧重企业中标后的能力评价,更注重企业的资质、产品、财务等数据。事后诚信行为体系,即中标企业的后续管理。中标企业在合同履行以后的质量问题、在其他中标项目进展中的信用情况以及在其他领域中(融资、社会责任、企业管理等)的问题等,都需要进一步追踪,实时进行信用管理,调整信用等级,为下一次的招投标做好前期准备工作。

2.政府职能监测

政府职能监测的结果具有综合性、权威性以及科学性。通过综合考虑各个政府机构的职能监测结果,能够更加全面地对招投标企业信用做出评价,从而加快招投标领域信用体系建设,规范信用评价市场,保障招标方的合法权益,促进企业提高诚信经营的意识。政府职能监测由六个二级指标构成,分别为:市场监管局监测、环保监测、税务监测、人力与社保监测、安全生产监测以及其他行政监测。

3.大数据平台监测

随着大数据技术的发展,网络数据呈现爆炸式增长。相关的企业征信机构也提供了科学客观的企业数据以及一些舆情信息。这些来自大数据平台的监测数据,对招投标企业诚信行为监测评价提供了必要的补充,与招标行为监测、政府职能监测相辅相成,形成了有效的机制。大数据平台监测主要由两个二级指标构成,一是第三方信息,该指标中的数据主要来自天眼查等征信机构;二是舆情监测信息,该指标中的数据主要利用当前主流的大数据手段获取,在合规的方法下获得有效数据,并且利用深度学习中的文本分析计算得到情绪评分。

（三）指标释义

1.事前诚信行为

（1）指标定义

该指标是招投标领域业务准入的诚信行为评价，因而要求不是很高，主要是对一些劣迹斑斑的企业进行过滤。根据招投标业务开展的需要，对投标企业的资质、规模、产品质量等要素，特别是企业是否存在被列入黑名单等不良信息、在其他业务进展中业主方及其民众有无负面反馈信息等进行综合信用评价，主要包含历史中标次数、历史中标总金额以及历史失信信息。

（2）测算公式和计分标准

历史中标次数是近三年的累计值，每中标一次累计值加1，累计值越高，则反映该企业在招投标领域的受信度越高；同时考虑到不同标的的价值不一样，金额不一样，因此历史中标总金额是对该企业近三年来中标金额的累计求和；历史失信信息是近三年该企业失信次数的累计值。

2.事中诚信行为

事中诚信行为体系，即中标单位的遴选及管理。如果说事前的诚信行为体系侧重于企业的诚信评价，那么事中的诚信行为体系则侧重企业中标后的能力评价，更注重企业的资质、产品、财务等数据。具体指标主要包括:安监部门问题抄告、整改完成率、整改回复率、企业自查记录不达标情况、工程文明施工、合同履约。

3.事后诚信行为

(1)指标定义

事后诚信行为体系,即中标企业的后续管理。中标企业在合同履行以后的质量问题、在其他中标项目进展中的信用情况以及在其他领域中(融资、社会责任、企业管理等)的问题等,都需要进一步的追踪,实时进行信用管理,调整信用等级,为下一次的招投标做好前期准备工作。具体指标包括企业荣誉、工程获奖、企业活力、良好信誉加分以及社会公众满意度。

(2)测算公式和计分标准

企业荣誉是近5年企业所获荣誉的累加;工程获奖是企业近5年工程获奖的累加;企业活力是对企业员工社保缴纳情况、企业办公条件、近4年获得投标单位好评次数累计值、近10年通过社会中介机构认定的体系论证(质量、环境、职业健康体系)次数的累计;良好信誉加分直接应用良好信用信息加分合计指标;社会公众满意度主要通过大数据舆情监测获得,反映公众对企业的满意程度。

4.市场监管局监测

(1)指标定义

该指标主要依据市场监管局(工商局)发布的红名单信息来定。

(2)测算公式和计分标准

1次计5分,计算近3年累计值。

5.税务监测

(1)指标定义

该指标包括以下3个三级指标:企业信用等级、信用行为进步值、行政处罚。

(2)测算公式和计分标准

企业信用等级:AAA计100分,AA计95分,A计90分,最后算出平均值。

信用行为进步值:进步1个等级计5分,例如,2017年企业信用等级为B,2018年企业信用等级为A,则信用行为进步值为5。

行政处罚:受到1次行政处罚,计减5分,起始分为100分。

6.人力与社保监测

(1)指标定义

该指标包括以下2个三级指标:红名单加分值、审查等级。

(2)测算公式和计分标准

红名单加分值:累计1次加5分。

审查等级:市人力社保局年度劳动保障书面审查等级中若出现1次负面信息,即扣5分。

7.安全生产监测

(1)指标定义

该指标包括以下三级指标:施工安全及文明施工、工程质量、责任主体信用、无质量投诉行为、其他。

(2)测算公式和计分标准

施工安全及文明施工:凡被查出 1 次,即扣 5 分,起始分为 100 分。

工程质量:若出现 1 次工程质量问题,则扣 5 分,起始分为 100 分。

责任主体信用:责任主体若近年来没有发生过信用问题,则计 100 分;若发生问题记录 1 次,即扣 5 分。

无质量投诉行为:没有发生投诉行为,计 100 分,每被投诉 1 次,扣 5 分。

其他:其他任何处罚均为每次扣 5 分,起始分为 100 分。

8.其他行政监测

(1)指标定义

该指标主要是指其他行政部门如省信用中心等的监管信息。该维度下包含以下三级指标:行政处罚、不良信息、信用被扣分值。

(2)测算公式和计分标准

行政处罚:起始分为 100 分,每发生 1 次扣 5 分。

不良信息:按条数累计,满 10 条扣 5 分。

信用被扣分值:每次扣 5 分,起始分为 100 分。

9.第三方信息

(1)指标定义

该指标主要是指来自第三方平台的监测信息,包含开庭公告次数、法律诉讼次数、法院公告次数、天眼评分。

(2)测算公式和计分标准

开庭公告次数:按次累计,每次计 5 分,起始分为 100 分。

法律诉讼次数:按次累计,每次计 5 分,起始分为 100 分。

法院公告次数:按次累计,每次计 5 分,起始分为 100 分。

天眼评分:天眼查官网有第三方的评分。

10.舆情监测信息

(1)指标定义

该指标主要是指在天眼查等第三方平台获取的舆情信息,可以反映社会公众、行业协会以及相关部门对该企业的认可度,主要包含以下二级指标:新闻舆情、情绪评分。

(2)测算公式和计分标准

新闻舆情:根据第三方平台获取新闻舆情信息,按条数累计。

情绪评分:对所获取的新闻舆情,利用深度学习技术对其进行文本分析,得到一个情绪指数,指数分为负向、中性或正向。

（四）模型方法论

熵权法是通过熵值来计算指标的熵权,然后用指标的熵权加权所有指标,最后得出客观的评价结果。与其他主观赋权法相比,熵权法的特点是客观性强、精度高,在评价结果的解释上也更具说服力。TOPSIS 评价法是根据有限个评价对象与理想化目标的接近程度来进行排序的,是一种适用于通过多项指标对多个方案进行比较选择的评价方法。

本书在处理相应指标时采用了深度学习领域中的文本分析,基于深度学习技术和第三方平台大数据,对带有感情色彩的语言文字做出情感极性类别的判断,同时给出相应的置信度,将情感将划分为积极、消极、中性三类,并给出对应的评分。例如,本书根据各家公司的新闻舆情进行整理,得到了情绪评分的平均值,部分结果可见表 5-2。

表 5-2　部分公司的新闻舆情情感分析

企业名称	新闻舆情/条	情绪评分
×××市政园林建设有限公司	1	0.96
×××华建设有限公司	1	0.65
×××山园林集团有限公司	7	0.94
×××水市政工程有限公司	3	0.66
×××亭园林景观有限公司	3	0.95

续表

企业名称	新闻舆情/条	情绪评分
×××达绿地有限公司	4	0.58
×××峡建设发展有限公司	412	0.86
×××林开发建设集团有限公司	28	0.9
×××风园林工程有限公司	1	0.9
×××天祥路灯器材有限公司	1	0.94
×××源设备防护安装工程有限公司	4	0.73
×××设集团有限公司	8	0.92
×××山好水园林工程有限公司	1	0.91
×××山振大园林绿化有限公司	3	0.45

本书将熵权法和 TOPSIS 评价法结合建立熵权 TOPSIS 评价模型，在招投标领域诚信行为指标体系中，总共有 292 家该领域企业，有事前诚信行为、事中诚信行为、事后诚信行为、市场监管局监测、环保监测、税务监测、人力与社保监测、安全生产监测、其他行政监测、第三方信息、舆情监测信息 11 项分类指标$(a=1,2,\cdots,11)$，当 $a=1$ 时，事前诚信行为指标下有 n 个分类细化指标$(n=3)$，形成原始矩阵 V_1，同理可以依次写出 $V_2,V_3,\cdots,V_{11}$。

$$V_1 = \begin{bmatrix} x_{11} & x_{12} & x_{13} \\ x_{21} & x_{22} & x_{23} \\ x_{31} & x_{32} & x_{33} \\ \vdots & \vdots & \vdots \\ x_{292,1} & x_{292,2} & x_{292,3} \end{bmatrix} \tag{5-1}$$

在进行分析前,需要消除不同指标量纲的影响,因此要对指标体系中的细化指标形成的决策矩阵 V_1 进行归一化处理。

$$x'_{ij} = \frac{x_{ij}}{\sum\limits_{i=1}^{292} x_{ij}} \tag{5-2}$$

$$V'_1 = \begin{bmatrix} x'_{11} & x'_{12} & x'_{13} \\ x'_{21} & x'_{22} & x'_{23} \\ x'_{31} & x'_{32} & x'_{33} \\ \vdots & \vdots & \vdots \\ x'_{292,1} & x'_{292,2} & x'_{292,3} \end{bmatrix} \tag{5-3}$$

利用公式(5-4)计算第 a 项分类指标的第 j 个分类细化指标的熵值 e_{aj},其中 $k = 1/\ln292$,对于第一项分类指标,根据公式(5-5)可以计算得到熵权向量 W_1,同理可以得到 W_2,W_3,$\cdots$,W_{11}。

$$e_{aj} = -k \sum_{i=1}^{292} x'_{ij} \ln x'_{ij} \tag{5-4}$$

$$W_{aj} = (1 - e_{aj}) / \sum_{j=1}^{3} (1 - e_{aj}) \tag{5-5}$$

根据熵权法获取招投标领域诚信行为指标体系中第 a 项分类指标的信息权重矩阵 W_a，形成加权判断矩阵 Z_a，即

$$Z_a = V_a' W_a$$

$$= \begin{bmatrix} x_{11}' & x_{12}' & \cdots & x_{1j}' & \cdots & x_{1n}' \\ x_{21}' & x_{22}' & \cdots & x_{2j}' & \cdots & x_{2n}' \\ \vdots & & \vdots & & \vdots & \\ x_{i1}' & \cdots & x_{ij}' & \cdots & x_{in}' & \\ \vdots & \vdots & & \vdots & & \vdots \\ x_{292,1}' & x_{292,2}' & \cdots & x_{292,j}' & \cdots & x_{292,n}' \end{bmatrix} \begin{bmatrix} w_{a1} & 0 & \cdots & 0 & \cdots & 0 \\ 0 & w_{a2} & \cdots & 0 & \cdots & 0 \\ \vdots & \vdots & & \vdots & & \vdots \\ 0 & 0 & \cdots & w_{aj} & \cdots & 0 \\ \vdots & \vdots & & \vdots & & \vdots \\ 0 & 0 & \cdots & 0 & \cdots & w_{an} \end{bmatrix}$$

$$= \begin{bmatrix} f_{11} & f_{12} & \cdots & f_{1j} & \cdots & f_{1n} \\ f_{21} & f_{22} & \cdots & f_{2j} & \cdots & f_{2n} \\ \vdots & \vdots & & \vdots & & \vdots \\ f_{i1} & f_{i2} & \cdots & f_{ij} & \cdots & f_{in} \\ \vdots & \vdots & & \vdots & & \vdots \\ f_{292,1} & f_{292,2} & \cdots & f_{292,j} & \cdots & f_{292,n} \end{bmatrix}$$

根据加权判断矩阵获取招投标领域诚信行为指标体系中第 a 项分类指标的正负理想解，见表 5-3，所谓的正理想解就是某个指标的最优值，反之就是负理想解。

$$\text{正理想解}: f_{aj}^* = \begin{cases} \max(f_{ij}), j \in J^* \\ \min(f_{ij}), j \in J' \end{cases} \quad j = 1, 2, \cdots, n \quad (5-6)$$

$$\text{负理想解}: f_{aj}' = \begin{cases} \min(f_{ij}), j \in J^* \\ \max(f_{ij}), j \in J' \end{cases} \quad j = 1, 2, \cdots, n \quad (5-7)$$

其中,J^* 为求最大的目标函数编号集,J' 为求最小目标的函数集。

表 5-3　各类指标的正负理想解

指　　标	正理想解	负理想解
历史中标次数	0.0114	0.0008
历史中标总金额	0.0219	0
历史失信信息	0.0119	0
安监部门问题抄告	0.0130	0
整改完成率	0.0423	0.0004
整改回复率	0.0333	0
养护企业自查记录不达标情况	0.0331	0
工程文明施工	0	0
合同履约	0	0
企业荣誉	0.0012	0
工程获奖	0.0136	0
企业活力	0.0291	0
良好信誉加分	0.0212	0
社会公众满意度	0	0
红名单加分值(市场监管局)	0.0222	0
绿色生态	0	0

续表

指　标	正理想解	负理想解
环保投诉率	0	0
企业信用等级	0.0001	0
信用行为进步值	0.0002	0.0001
行政处罚	0.0003	0
红名单加分值（人力与社保局）	0.0014	0
审查等级	0.0021	0
施工安全及文明施工	0.1884	0
工程质量	0.0036	0
责任主体信用	0.0148	0
无质量投诉行为	0.0012	0
其他	0.0319	0
行政处罚	0.0151	0
不良信息	0.0219	0
信用被扣分值	0.0357	0
开庭公告次数	0.0336	0
法律诉讼次数	0.0460	0
法院公告次数	0.0215	0
天眼评分	0.0495	0
新闻舆情	0.0113	0
情绪评分	0.1921	0

根据公式(5-8)和(5-9)计算招投标领域诚信行为指标体系中第 a 项分类指标值与正负理想值之间的欧式距离,得到的结果再根据公式 (5-10)计算得到第 a 项指标的相对贴进度。

$$D_{ai}^* = \sqrt{\sum_{j=1}^{n}(f_{ij} - f_{aj}^*)^2}, i = 1,2,\cdots,292 \qquad (5-8)$$

$$D_{ai}' = \sqrt{\sum_{j=1}^{n}(f_{ij} - f_{aj}^*)^2}, i = 1,2,\cdots,292 \qquad (5-9)$$

$$C_{ai}^* = D_{ai}'/(D_{ai}^* + D_{ai}'), i = 1,2,\cdots,292 \qquad (5-10)$$

将事前诚信行为、事中诚信行为、事后诚信行为、市场监管局监测、环保监测、税务监测、人力与社保监测、安全生产监测、其他行政监测、第三方信息、舆情监测信息这 11 项分类指标的相对贴近度作为招投标领域诚信行为的指标值,组成初始矩阵,其评价过程与分类指标的过程一样。具体过程如下:

Step1:根据分类指标的相对贴近度构造初始矩阵 V。

$$V = \begin{bmatrix} 0.361 & 0.238 & 0.172 & 0.861 & 0.392 & 0.417 & 0.182 & 0.119 & 0.382 & 0.337 & 0.653 \\ 0.225 & 0.334 & 0.281 & 0.772 & 0.652 & 0.331 & 0.223 & 0.331 & 0.291 & 0.224 & 0.348 \\ \vdots & \vdots & \vdots & \vdots & \vdots & \vdots & \vdots & \vdots & \vdots & \vdots & \vdots \\ 0.119 & 0.293 & 0.221 & 0.237 & 0.499 & 0.413 & 0.391 & 0.337 & 0.592 & 0.193 & 0.447 \\ \vdots & \vdots & \vdots & \vdots & \vdots & \vdots & \vdots & \vdots & \vdots & \vdots & \vdots \\ 0.312 & 0.331 & 0.289 & 0.221 & 0.183 & 0.653 & 0.323 & 0.731 & 0.382 & 0.442 & 0.391 \end{bmatrix}$$

并且利用公式(5-3)进行无量纲化处理得到 V'。

$$V' = \begin{bmatrix} 0.024 & 0.040 & \cdots & 0.039 \\ 0.028 & 0.027 & \cdots & 0.046 \\ \vdots & \vdots & & \vdots \\ 0.012 & 0.002 & \cdots & 0.007 \\ \vdots & \vdots & & \vdots \\ 0.019 & 0.001 & \cdots & 0 \end{bmatrix}$$

根据公式(5-4)和(5-5)对规范化矩阵 V' 计算,可得招投标领域诚信行为的熵权向量 W,即

$$W = \begin{bmatrix} 0.1454 & 0.4781 & \cdots & 0.3691 \end{bmatrix}^{\mathrm{T}}$$

根据熵权法获取信息权重矩阵 W,形成招投标领域诚信行为的加权判断矩阵 Z,即

$$Z = \begin{bmatrix} 0.0026 & 0.0173 & \cdots & 0.0130 \\ 0.0027 & 0.0082 & \cdots & 0.0132 \\ \vdots & \vdots & & \vdots \\ 0.0019 & 0.0007 & \cdots & 0.0012 \\ \vdots & \vdots & & \vdots \\ 0.0015 & 0.0005 & \cdots & 0 \end{bmatrix}$$

根据公式(5-6)和(5-7)可得招投标领域诚信行为各分类指标的正负理想解;根据公式(5-8)和(5-9)可得到招投标领域诚信行为指标到正负理想解的欧氏距离,部分结果见表5-4。

表 5-4　部分企业的欧氏距离

企业名称	D^*	D'
×××恒市政园林建设有限公司	0.0825	0.0228
×××骏建设有限公司	0.0916	0.0164
×××华建设有限公司	0.0551	0.0478
×××山园林集团有限公司	0.0915	0.0175
×××水市政工程有限公司	0.0915	0.0175
×××冉园林工程有限公司	0.0023	0.1019
×××和市政园林工程有限公司	0.0549	0.0492
×××芳亭园林景观有限公司	0.1002	0.0142
×××达绿地有限公司	0.1010	0.0131
×××腾建设工程有限公司	0.1001	0.0178
×××峡建设发展有限公司	0.1004	0.0131
×××亚景观建设有限公司	0.1019	0.0013

根据对得分结果的整理,得到招投标企业的排名,见表 5-5。

表 5-5　部分企业的诚信得分排名

企业名称	诚信行为评价体系最终得分
×××地环境建设有限公司	0.9521
×××林营造产业股份有限公司	0.9485

续表

企业名称	诚信行为评价体系最终得分
×××设集团有限公司	0.9416
×××元建设有限公司	0.9403
×××计集团股份有限公司	0.9317
×××成园林集团股份有限公司	0.9289
×××泽建设有限公司	0.9265
×××水市政工程有限公司	0.9251
×××山园林集团有限公司	0.9238
×××江园林绿化艺术有限公司	0.9230
×××峡建设发展有限公司	0.9226
×××溢建设集团有限公司	0.9218
×××行建设有限公司	0.9157
×××达园林工程有限公司	0.9156

　　通过对招投标领域诚信行为指标体系中的事前诚信行为、事中诚信行为、事后诚信行为、市场监管局监测、环保监测、税务监测、人力与社保监测、安全生产监测、其他行政监测、第三方信息、舆情监测信息 11 项指标计算熵权再建立 TOPSIS 模型得到一个相对客观合理的排名。浙江××环境建设有限公司凭借可靠的园林招投标行为、政府职能监测以及大数据平台监测得到了社会的信任，在招投标领域诚信行为领域中位列所有企业榜首；苏州××营造产业股份有限公司同样具有可靠的诚信行为，

仅次于浙江××环境建设有限公司。本书的模型对招投标领域诚信行为的评价提供了相对科学的依据,也为招投标领域提供了客观的建议与合理的参考标准。

二、信用能力监测体系设计

(一)体系概述

招投标企业信用能力监测评价是指对参与招投标企业综合信用能力的全方位评价。招投标企业综合信用能力评价从诚信行为监测、企业素质监测、项目管理监测、保障能力监测、运营能力监测 5 个维度展开,具体包括招 13 个二级指标(招投标环节诚信行为和公共信用、管理人员素质、员工素质、企业资质、项目管理经验、项目管理质量、人员保障、设备保障、技术保障、资本实力、偿债能力、盈利能力、抵押担保)和 30 余个三级指标,详见表 5-6。

表 5-6 招投标企业信用能力监测指标体系

一级指标	二级指标	三级指标
诚信行为	见招投标企业诚信行为监测体系部分说明	
企业素质	管理人员素质	法人/项目负责人最高学历
		法人/项目负责人最高技术职称
		法人/项目负责人职业资格或岗位培训证书
		法人/项目负责人从业年限
		法人/项目负责人信用历史
	员工素质	一级注册建造师占比
		二级注册建造师占比
	企业资质	成立年份
		主项资质和增项资质
		主项资质等级
项目管理	项目管理经验	完成工程项目数
		完成工程总面积
		完成工程总造价
		历史中标次数
		历史中标总金额
	项目管理质量	工程获奖
		建设单位好评
		企业荣誉

一级指标	二级指标	三级指标
保障能力	人员保障	在册人数
		参保人数
	设备保障	企业办公条件
		固定资产原值
		机械设备原值
	技术保障	近10年获得第三方体系论证次数
		最近一次获得第三方体系论证时间
		资质资格
		资质证书数目
		知识产权
运营能力	资本实力	注册资本
		实缴资本
	偿债能力	资产负债率
		现金流动比率
	盈利能力	营业收入利润率
		总资产报酬率
	抵押担保	动产抵押
		土地抵押
		股权冻结
		股权出质
		产权出质
		股权质押

（二）维度解读

1. 诚信行为监测

企业的诚信行为是企业信用素质和信用能力的一个表现,越是注重合法经营和诚信经营理念的企业,就越珍惜和维护自身的信用,将信用视为企业重要的无形资产。招投标企业的诚信,主要由两大指标构成:一是企业参与招投标过程中的诚信行为;二是企业在招投标领域之外其他领域的公共信用。

2. 企业素质监测

企业的信用与其自身的素质密切相关,较高素质的企业往往看重自身的信用,因此具有良好的信用。企业素质体现在以下三个指标:管理人员素质、员工素质、企业资质。管理人员的素质越高,企业员工的整体素质越高,企业的资质越优异,企业维护自身信用的意愿和能力就越强。

3. 项目管理监测

招投标项目管理属于企业项目管理的重要组成部分,体现在以下两个指标:一是项目管理经验,指企业在项目管理上积累的丰富管理经验和管理方法,是保质保量完成招投标项目的重要保障,是其履行合同能力的体现;二是项目管理质量,指工程完工后,企业获得的荣誉和良好的社会评价,是其履约结果高质量的体现。因此,项目管理经验和项目管理质量是评价招投标企业信用能力的重要参考,管理经验越丰富,管理质量越高,表明其信用能力越强。

4.保障能力监测

保障能力是企业完成招投标项目的重要支撑。尤其在执行重大招投标工程项目过程中,只有具有较为完备的保障能力,才能保证项目的顺利实施。企业的保障能力体现在以下三个指标:人员保障、设备保障、技术保障。缺少其中任何一项保障,项目都无法顺利完成。

5.运营能力监测

企业运用能力和运用效率是企业良好信用能力的体现,是项目履行的重要财务保障。运营能力体现在以下三个目标:资本实力、偿债能力、盈利能力。只有具备较好的资本实力、较强的偿债能力和较高的盈利能力,企业才能保证招投标项目顺利推进和最终高质量完成。

(三)指标释义

1.诚信行为

(1)指标定义

诚信行为来源于前述诚信行为评价体系,主要由招投标诚信行为评价和企业公共信用评价综合计算得出,作为招投标企业信用综合能力的一个重要维度纳入综合评价体系。

(2)测算公式和计分标准

诚信分计算细则详见本节第一部分相关介绍。

2.管理人员素质

(1)指标定义

管理人员素质包括以下测算指标:法人/项目负责人最高学历、法人/项目负责人最高技术职称、法人/项目负责人职业资格或岗位培训证书、法人/项目负责人从业年限、法人/项目负责人信用历史。管理人员素质主要评价法人/项目负责人的文化素养、从业经历和管理能力。

(2)测算公式和计分标准

法人/项目负责人最高学历:高中及中专以下计1分,大专计2分,本科计3分,研究生及以上计4分。

法人/项目负责人最高职称:无计0分,初级计1分,中级计2分,高级计3分,特级计4分。

法人/项目负责人职业资格或岗位培训证书:没有计0分,职业资格或岗位培训证书每项加1分,最高3分。

法人/项目负责人从业年限:不满1年计0分,1~3年计1分,3~5年计2分,5~10年计3分,10年及以上计4分。

法人/项目负责人信用历史:5年内无不良信用历史不扣分,5年内有不良信用历史每次扣2分,最高扣10分。

3.员工素质

(1)指标定义

员工素质包含两个测算指标:一级注册建造师占比(%)和二级注册建造师占比(%)。员工中拥有执业资格的人数比例越高,员工的整体技术素质就越高。

(2)测算公式和计分标准

$$一级注册建造师占比＝(一级注册建造师人数/在册员工数)$$
$$×100\%$$

$$二级注册建造师占比＝(二级注册建造师人数/在册员工数)$$
$$×100\%$$

4.企业资质

(1)指标定义

企业资质包含三个测算指标:成立年限、主项资质、主项资质等级。

(2)测算公式和计分标准

成立年限:不满1年计0分,不满3年计1分,不满5年计2分,不满10年计3分,不满20年计4分,20年及以上计5分。

主项资质:无主项资质计0分,有主项资质计1分,有主项资质和增项资质计2分。

主项资质等级:无资质等级计0分,暂定级计0.5分,三级计1分,二级计 2 分,一级计 3 分,特级计 4 分。

5.项目管理经验

(1)指标定义

项目管理经验包括五个测算指标:完成工程项目数、完成工程总面积、完成工程总造价、历史中标次数和历史中标总金额。完成的工程项目数越多,历史中标次数越多,中标总金额越高,表明企业的项目管理经验越丰富。

(2)测算公式和计分标准

完成工程项目数:直接以企业完成的工程个数统计。

$$完成工程总面积 = \sum (第~i~项工程面积)$$

$$完成工程总造价 = \sum (第~i~项工程金额)$$

历史中标次数:直接以企业历史参与招投标中标次数的数量统计。

历史中标总金额:直接以企业历史招投标中标总金额统计。

6.项目管理质量

(1)指标定义

项目管理质量包括三个测算指标:工程获奖、建设单位好评、企业荣誉。

(2)测算公式和计分标准

工程获奖:区县级最高获奖每次计 1 分,市一级最高获奖每次计 2 分,省级最高获奖每次计 3 分,国家级最高获奖每次计 4 分。获奖等级为一等、二等和三等,相应降级计分。

建设单位好评:在政府投资项目施工过程中获得建设单位好评,每获得 1 次计 1 分。

企业荣誉:获得国家级、省级或市级荣誉称号、通报表彰与表扬,每次分别计 4 分、3 分、和 2 分;被评为国家级、省级或市级"守合同、重信用"企业,每次分别计 4 分、3 分和 2 分。

7.人员保障

(1)指标定义

人员保障包括两个测算指标:在册人数和参保人数。在册人数反映的是整个企业在履行项目合同时的人力资源保障能力,而参保人数则反映企业人力资源中较为稳定的人员规模,它是保障项目顺利实施的重要条件。

(2)测算公式和计分标准

在册人数采用直接赋分制,参保人数直接以人数计。

在册人数:不足 50 人计 1 分,50~99 人计 2 分,100~499 人计 3 分,500~999 人计 4 分,1000 人及以上计 5 分。

参保人数:直接以年缴纳社保平均职工数量计。

8.设备保障

(1)指标定义

设备保障包括三个测算指标:企业办公条件、固定资产原值和机械设备原值。

（2）测算公式和计分标准

企业办公条件：没有固定办公场所计 0 分，自有或租用办公面积不足 200 平方米计 1 分，200～500 平方米计 3 分，500～1000 平方米计 5 分，1000 平方米及以上计 10 分。

固定资产原值和机械设备原值直接以企业当年金额计算，单位为百万元。

9. 技术保障

（1）指标定义

技术保障能力包括五个测算指标：近 10 年内获得第三方体系论证次数、最近一次通过第三方体系论证时间、资质资格、资质证书数目和知识产权数量。

（2）测算公式和计分标准

近 10 内获得第三方体系论证次数，即近 10 年内累计通过社会中介机构认定的体系论证（质量、环境、职业健康体系）次数，以及资质资格、资质证书数目和知识产权数量 4 个指标直接以数量统计。

最近一次通过第三方体系论证时间：采用直接赋分制，没有取得计 0 分，2017 年（含 2017 年）之前通过计 1 分，2018 年通过计 2 分，2019 年通过计 3 分，多次通过的以最近一个年度的最高分计，不累加。

10.资本实力

（1）指标定义

企业资本实力包括两个测算指标：企业注册资本和实缴资本。企业注册资本和实缴资本越多，企业的资本实力越强。

（2）测算公式和计分标准

两个指标均直接以金额计，单位为万元。

11.偿债能力

（1）指标定义

偿债能力是直接反映企业信用违约风险的指标，包括两个测算指标：资产负债率和现金流动性比率。

（2）测算公式和计分标准

$$资产负债率＝（负债总额/资产总额）×100\%$$

$$现金流动比率＝（银行存款/负债总额）×100\%$$

12.盈利能力

（1）指标定义

盈利能力是反映企业财务状况和企业违约风险的重要指标，包括两个测算指标：营业收入利润率、总资产报酬率。

（2）测算公式和计分标准

营业收入利润率＝（利润总额/营业收入）×100％

总资产报酬率＝（利润总额/资产总额）×100％

13.抵押担保

（1）指标定义

抵押担保反映企业的债务负担压力,包括六个测算指标:动产抵押、土地抵押、股权冻结、股权出质、产权出质、股权质押。

（2）测算公式和计分标准

动产抵押、土地抵押、股权冻结、股权出质、产权出质、股权质押采用直接赋分制。如没有抵押担保,每项计 1 分,有则不计分。

（四）信用等级

根据监测评价的结果,按照得分高低划分参与招投标企业的信用等级,具体等级符号及相关定义见表 5-7。

表 5-7　信用等级符号及相关定义

评级符号	相关定义	监测模型的信用评分与信用等级对应关系
AAA	信用极佳,具有很强的履约能力,未来一年内几乎无违约可能	90～100 分

评级符号	相关定义	监测模型的信用评分与信用等级对应关系
AA	信用优良,履约能力强,未来一年内基本无违约可能性	80～89 分
A	信用良好,履约能力较强,未来一年内违约可能性小	70～79 分
BBB＋	信用较好,具有一定的履约能力,未来一年内违约可能性较小,违约概率略低于 BBB 级	60～69 分
BBB	信用较好,具有一定的履约能力,未来一年内违约可能性较小	
BBB－	信用较好,具有一定的履约能力,未来一年内违约可能性较小,违约概率略高于 BBB 级	
BB＋	信用一般,履约能力不稳定,未来一年内存在一定的违约可能性,违约概率略低于 BB 级	55～59 分
BB	信用一般,履约能力不稳定,未来一年内存在一定的违约可能性	
BB－	信用一般,履约能力不稳定,未来一年内存在一定的违约可能性,违约概率略高于 BB 级	
B＋	信用欠佳,履约能力不足,未来一年内违约可能性较高,但违约概率略低于 B 级	50～54 分
B－	信用欠佳,履约能力不足,未来一年内违约可能性较高	
CCC	信用较差,履约能力弱,未来一年内违约可能性高	45～49 分

续表

评级符号	相关定义	监测模型的信用评分与信用等级对应关系
CC	信用很差,履约能力很弱,未来一年内违约可能性很高	40～44 分
C	信用极差,几乎没有履约能力,未来一年内违约可能性极高	30～39 分
D	截止评级时点客户已发生违约	30 分以下

三、信用指数监测体系设计

(一)体系概述

根据企业信用评价的综合结果,构建招投标领域信用指数,从宏观的视角反映招投标领域信用体系建设情况,将招投标领域信用指数构建为一个信息系统。从测度内容看,信用指数监测体系主要包括诚信行为指数、企业素质指数、项目管理指数、保障能力指数和运营能力指数。指数的测算满足 CHME 评价理论的综合指数编制以及指数分析方法等。

（二）模型算法

指数模型及其算法与信用能力监测体系基本一致，在此不再论述。

四、信用风险预警体系设计

（一）体系概述

招投标企业信用风险预警旨在通过一定的技术手段，对参与招投标企业的履约风险进行动态监测和早期预警，对履约能力不足，或者中标后无法保证招投标项目顺利实施，存在违约可能的企业，进行早期识别和预警，实现"防患于未然"。传统的履约风险预警监测主要依据企业财务指标，对其债务负担、偿债能力、流动性压力、违约概率等指标进行分析和预测。但由于企业的财务数据具有很强的隐密性，采集周期长，采集成本大，且用于预警监测的数据一般时效性要求高，因此这种方法要实现短期预测难度极大。

本书采用了基于信用大数据的预警监测方法，通过整合企业公开的市场行为信息、不同行业领域监管部门信用信息以及第三方大数据平台归集的企业风险信息，进行多方信息之间的交叉验证和比对，从而实现参与招投标企业信用风险的早期动态监测与预警，并绘制企业信用风险画像，如图 5-2 所示。

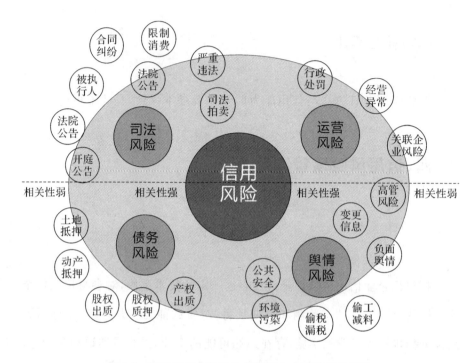

图 5-2 基于信用大数据的招投标企业风险预警模型

（二）模型算法

采用目标企业信用关联关键词聚类加权合成算法：第一，根据关键词之间关联程度的强弱筛选出关键词集合，关联程度可以通过算法关联或语义关联分析得出；第二，借助第三方大数据平台，爬取参与招投标目标企业的信用关键词信息记录，包括各种结构化、半结构化和非结构化数据；第三，通过对上述数据的清洗、加工、整理和归类，形成可用于分析目标企业的全部关键词结构化数据集合；第四，将全部关键词通过算法聚类成少数维度，按照各关键词的信息量大小赋予权重，加权合成各个维度风险分类值；第五，通过计算各个维度加权合成值，设置风险预警阈值，划分风险预警等级与信号，实现对目标企业的风险预警。

（三）分析方法

1.灯号预警规则设定

通过在第三方大数据平台监测目标企业以下风险信息，实现对目标企业信用风险的动态监测和预警。将监测风险维度分为司法风险、运营风险、债务风险和舆情风险四个维度，每个维度监测的关键词信息按照严重程度分为直接预警类、重点关注类、可疑类和一般关注类，详见表5-8。

表5-8　基于不同风险维度重点监测关键词分级情况

风险维度	直接预警类	重点关注类	可疑类	一般关注类
司法风险	严重违法 申请破产	立案信息 司法拍卖 被执行人黑名单	法院公告 法律诉讼 开庭公告 送达公告	失信惩戒 限制消费 失信信息
运营风险	经营异常 清算信息 责令关停	高管风险	关联企业风险	行政处罚 变更信息（股权、股东）

续表

风险维度	直接预警类	重点关注类	可疑类	一般关注类
债务风险	资不抵债	股权冻结	动产抵押 土地抵押	股权出质 产权出资
舆情风险	负面新闻舆情（企业或高管被高层点名批评、被官方媒体报道）	负面新闻舆情（企业引发群体性事件，被媒体广泛关注）	负面新闻舆情（监管处罚类，如欠税、税收违法、环保处罚、欠薪等被媒体报道）	负面新闻舆情（企业或高管不良行为、不诚信行为、违背公序良俗行为被媒体关注）

2. 灯号计分及预警规则设定

在监测企业信用时，需要关注企业信用风险由少积多，从量变到质变的变化过程。如果一家企业短期内出现大量的风险点，尽管并未直接达到需要预警的程度，但上述风险短期内累积到一定规模，也需要对其予以关注。此外，一般情形下，规模较大、分支机构众多、经营活动范围广的企业，相应的风险点也会较多，但这类规模的企业抵抗风险的能力也相应较强。因此，需要对不同规模企业的风险计分规则和预警标准分类予以设定，以实现更精确的风险监测预警。具体规则设定如表 5-9、表 5-10 所示。

表 5-9　预警信号灯及预警含义

风险维度	直接预警类	重点关注类	可疑类	一般关注类
	红色信号灯	橙色信号灯	黄色信号灯	蓝色信号灯
预警含义	企业存在重大信用风险点，已经实质性影响企业生产经营和履约	企业存在较为明显的信用风险点，虽暂时未实质性影响企业生产经营和履约，但后续影响值得关注	企业存在可疑的信用风险点，这些风险暂时尚不能明确判断对企业是否构成影响，需跟踪观察	企业曾经或已经存在一些信用风险点，但这些风险点对企业的影响已经完全明确，且不会对企业产生实质性影响，一般关注即可

表 5-10　不同颜色灯号风险计分规则及预警标准

	红色信号灯	橙色信号灯	黄色信号灯	蓝色信号灯	起始分	预警标准
集团性企业	—50 分	—5 分	—0.1 分	—0.05 分	100 分	[0,50] 亮红灯 [51,60] 亮橙灯 [61,70] 亮黄灯 [71,100] 亮蓝灯
超大型企业	—50 分	—5 分	—0.2 分	—0.05 分	100 分	
中等规模企业	—50 分	—10 分	—1 分	—0.1 分	100 分	
小型规模企业	—50 分	—15 分	—10 分	—1 分	100 分	
小微或初创型企业	—50 分	—20 分	—10 分	—5 分	100 分	

　　100 分，采用倒扣分制，当有直接预警类关键词出现，则直接亮出红灯；其余情况，当风险累积分倒扣至相应界限范围内，即给出不同颜色预警灯号信息。

第六章　基于大数据的信用舆情指数构建

　　信用舆情是作为主体的民众对政府、企业、个人、社会组织等不同客体的信用活动所持的信念、态度、意见、情绪等社会政治态度的总和。信用舆情指数则是量化评估民众对各类信用活动社会政治态度的工具。它为及时掌握社会信用舆情动态以及进行舆情监测预警提供了依据，是当前推动我国社会信用体系建设，提升社会信用治理能力的有力抓手。

　　舆情指数的相关研究主要集中在两个领域：社会领域的舆情指数，主要关注各类社会热点和典型舆情事件，具体有社会舆情指数、网络舆情指数、食品安全舆情指数等；经济领域的舆情指数，主要关注金融市场和宏观经济形势，具体有房地产市场认知舆情指数、CPI 舆情指数、投资者舆情指数等。

　　从舆情指数编制方法上来看，传统的根据调查统计数据编制舆情指数的做法，无论是舆情数据采集效率，还是舆情监测时效性等均存在诸多局限性，因此当前主要基于网络舆情数据来实现，典型的做法有两种。第一种做法,从舆情热点事件出发,先按舆情概念划分出若干舆情维度并确立可量化的指标体系,通过采集网络舆情数据,将不同维度指标进行加权,得到单起舆情事件的个体指数,最后将观测期内全部个体舆情指数加权合成舆情总指数。该方法的优点在于既可进行个体舆情事件分析,又能进行总体舆情趋势研判;缺点是只能依靠有限维度的少量可量化的网络舆情指标,对大量非结构化指标数据的挖掘不够。第二种做法,从舆情关键词出发(非针对具体的舆情事件),先通过抽象的舆情语义分析分解得到与舆情核心词存在某种关联的关键词集合,然后爬取该集合中各关键词的非结构化或结构化大数据,通过一定算法对各关键词做进一步筛选验证,并将验证后的关键词加权合成舆情总指数,主流的做法主要依靠搜索引擎工具,或者专业的舆情监测软件来实现。该方法发挥了大数据的优势,舆情评价不再局限于少数几个维度,适合对舆情趋势做整体研判;缺点是舆情关键词的单体价值密度低、噪声大,容易遗漏或者误选关键词,此外,无法得到个体舆情指数,也无法进行单起舆情事件分析。

综上所述,已有的研究虽然取得了较多的成果,但也存在进一步研究和改进的空间。本章以信用舆情为对象,基于大数据指数构建方法,对指数编制做了改进:首先,对选词方法做了改进,结合舆情热点事件将信用舆情关键词进行分类,通过主观选词和算法选词相结合的方式筛选关键词。其次,对指数合成进行了改进,采用关联程度和搜索热度综合加权方式,用信用及核心关联关键词合成"基础信用"舆情值,作为信用舆情指数的基础组成部分;通过波动性和搜索热度综合确权,得到不同领域不同维度的分类舆情指数,并将"基础信用"与分类舆情指数合成舆情总指数,并用互联网普及速度对指数序列进行修正,剔除互联网用户基数变化带来的影响,从而更为客观地反映信用舆情的整体变化。最后,对2011—2018年的信用舆情态势进行了实证,对不同阶段、不同领域多个维度信用舆情的结构性特征进行了剖析,同时对2018年全国各地区的信用舆情特征进行了横向比较。

第一节　信用舆情指数的构建

一、"基础信用"的合成

(一)关键词的筛选

根据"信用"一词的语义(道德准则、履约能力、法律责任),从正面守信舆情和负面失信舆情两个层面,采用主观选词和算法选词相结合的方式,筛选信用及关联的核心关键词。要求满足:与"信用"相关(需同时满足语义相关、数据相关),搜索热度达到一定标准(日均搜索指数值达100频次以上)。同时剔除相关性不高或指标热度过低的关键词。通过筛选,最后用于合成"基础信用"的关键词共计24个,包含1个核心关键词和23个关联关键词(见表6-1)。其中,公信和公信力采用组合关键词的方式检索。

（二）信息的爬取

在百度指数搜索引擎中爬取 24 个信用及关联关键词的天搜索指数值，然后由天搜索指数值换算得出全国 2011 至 2018 年，以及 2018 年 31 个省级行政区（不含港澳台地区，下同）的年搜索指数序列。其中，日搜索指数序列主要用于测算关联关键词与核心关键词"信用"之间的相关程度，并确定各关键词的指标权重；年搜索指数用于测算样本观察期内"基础信用"的变化趋势，以及各地区的横向比较。

（三）权重的确定

为了合成"基础信用"值，需要确定核心和关联关键词的指标权重。权重的计算采用关联程度和搜索热度综合加权的方式，即先计算"诚信"等关联词与"信用"一词的相关系数，然后用相关系数乘以日均搜索指数，计算得到经相关性调整后的日均搜索指数，再将调整后的日均搜索指数作为热度值，归一得到各关键词的权重（见表 6-1）。之所以用高频的日均搜索指数计算相关系数，而不用低频的年数据，是因为日数据对各关键词之间的相关性衡量更为精确。

表 6-1　"基础信用"加权值的生成

信用及 关联关键词	关键词日 搜索指数 均值	与"信用" 相关的 皮尔森系数	相关性矫正后的 日均搜索指数 （均值×相关系数）	经相关性调整后 各关键词的权重 /%
信用	690	1.000	690	10.38
守信	190	0.664**	126	1.90
守信用	100	0.454**	45	0.68
诚信	2074	0.479**	993	14.94
诚实	584	0.766**	447	6.73
诚实守信	475	0.534**	254	3.82
信誉	335	0.423**	142	2.13
名誉	213	0.706**	150	2.26
信任	1183	0.374**	442	6.65
诺言	1445	0.182**	263	3.96
公信＋公信力	387	0.310**	120	1.80
失信	552	0.776**	428	6.44
违约	200	0.716**	143	2.15
虚假	186	0.632**	118	1.77
虚伪	766	0.668**	512	7.70
欺骗	520	0.385**	200	3.01
言行一致	166	0.712**	118	1.78
真诚	630	0.678**	427	6.42
表里如一	326	0.584**	190	2.86
一诺千金	935	0.522**	488	7.34
信守承诺	164	0.790**	130	1.95
讲诚信	149	0.275**	41	0.62
信赖	259	0.695**	180	2.71
合计	12529		6647	100

注：** 表示在 0.01 水平（双侧）上显著相关。

（四）加权值的合成

先对信用及关联关键词的年搜索指数序列进行预处理，由于搜索指数均为正向指标，即指数值越大舆情热度越高，因此无须做方向一致性转换。计算历年"基础信用"值时采用极大值进行无量纲化转换，在计算2018年各地"基础信用"值时采用功效系数法转换，分别取最大值60和最小值40。信息集结模型采用线性加权公式，通过将各关键词加权，得出全国2011—2018年的"基础信用"加权值和2018年31个省级行政区的"基础信用"加权值。

二、分项舆情值的生成

（一）信用舆情语义分析

下面从政务领域、商务领域、社会领域和司法领域展开分析。

1. 政务信用舆情

政务信用舆情是民众对政府信用活动的社会政治态度，主要括四个方面：一是民众对政府为推动社会信用体系建设所进行的信用治理的态度，即信用治理舆情；二是民众对政务领域普遍关注的信用热点、突发的诚信或失信事件所持的态度,即信用热点事件舆情;三是民众对政府部门、地方政府等政府主体自身公信力建设的评价,即政府公信舆情;四是民众对公务员诚信体系建设的评价,即公务员诚信舆情。

2.商务信用舆情

商务信用舆情是民众对不同市场主体(自然人、法人和其他经济组织等)信用活动的社会政治态度,主要包括三个方面:一是民众对市场主体从事信用经济活动所产生的风险的态度,即信用风险舆情;二是民众对商务领域普遍关注的信用热点、突发的诚信或失信事件所持的态度,即信用热点事件舆情;三是民众对商务领域从业人员的诚信体系建设的态度,即商务领域从业人员诚信舆情。

3.社会信用舆情

社会信用舆情是民众对公共服务部门信用活动所持的社会政治态度,主要包括两个方面:一是民众对社会领域普遍关注的信用热点、突发信用事件所持的态度,即信用热点事件舆情;二是民众对公共服务部门及其从业人员诚信体系建设所持的态度,即公共服务部门从业人员诚信舆情。

4.司法信用舆情

司法信用舆情是民众对司法部门信用活动的社会政治态度,主要包括四个方面：一是民众对司法部门推动信用体系建设，进行信用治理的态度，即信用治理舆情；二是民众对司法领域普遍关注的信用热点、突发信用事件所持的态度，即信用热点事件舆情；三是民众对司法部门公信力建设的态度，即司法公信舆情；四是民众对司法执法人员的诚信体系建设所持的态度，即司法执法人员诚信舆情。

（二）关键词的筛选

从维度上将关键词区分为信用法治类舆情、政府公信类舆情、信用热点类舆情和社会诚信类舆情。其中，信用法治类舆情以现行的 275 部法律、法规、条例全称及其简称为检索关键词；政府公信类舆情从政务公信和司法公信两大领域出发，以在政府出台的各类社会信用体系建设相关政策性文件中抓取的相关高频词为检索关键词；信用热点类舆情从当前信用体系建设重点关注的领域出发，以公众重点关注的信用热点、突发的重大信用事件为关键词；社会诚信舆情主要以公职人员、各行业从业人员和社会公众的各种诚信品德和失信行为为检索关键词。本研究初步筛选出 1000 余个关键词，剔除尚未被百度收录或者搜索热度过低的 329 个关键词，最终用于合成各维度信用舆情指数的关键词共计 671 个（见表 6-2）。其中，对含义相近的关键词采用组合方式检索，以提高检索效率，降低指标间的关联度。

表 6-2　信用舆情关键词

分类		关键词(正面舆情/负面舆情)
基础信用	核心词 (1 个)	信用
	正面核心关联词 (18 个)	守信、守信用、诚信、诚实、诚实守信、信誉、名誉、信任、诺言、公信+公信力、讲诚信、信赖、真诚、言行一致、表里如一、一诺千金、信守承诺
	负面核心关联词 (5 个)	失信、违约、虚假、虚伪、欺骗
信用法治		以现行 275 部法律、法规、条例全称及其简称为关键词,目前百度收录的达 205 部,相关关键词(含简称)共计 345 个,分布情况详见表 6-10
政府公信	政务公信 (10 个)	依法行政+依法治国+依法执政、政府公信力、简政放权+放管服、政务公开+信息公开、行政许可、行政处罚
	司法公信 (11 个)	司法公信力、司法公正+公正、朝令夕改、徇私枉法+徇私枉法罪、上访、信访、暴力执法、钓鱼执法、信任危机
信用热点	政务领域 (17 个)	信用中国、反腐+反腐败、反腐倡廉、征信+征信中心、信用报告+征信报告、国家企业信用信息公示系统+企业信用信息公示系统+信用信息、统一社会信用代码+统一社会信用代码查询、诚信档案、地方债务+地方债、诚信承诺书
	司法领域 (9 个)	老赖、失信黑名单+黑名单、被执行人+失信被执行人、被执行人查询+被执行人信息查询、冤案+国家赔偿
	生产领域 (8 个)	安全生产、安全生产检查、隐患、非法经营、安全事故+重大事故+特别重大事故、重大责任事故罪

续表

分类		关键词（正面舆情/负面舆情）
信用热点	流通领域 （24个）	假冒伪劣＋假冒伪劣产品＋假冒商品、质量安全、食品安全、食品安全事故、毒奶粉＋假奶粉、消费投诉＋投诉＋消费者投诉、举报＋投诉举报、假冒商标罪＋假冒注册商标＋假冒注册商标罪、315＋打假、虚假宣传＋虚假广告＋虚假、杀熟、走私、传销、曝光
	金融领域 （31个）	风险＋信用风险、金融风险＋金融危机、债务、信贷风险、信用评级、债务违约＋债务危机、不良贷款＋不良贷款比率、逾期＋逾期还款、坏账、挤兑、虚假出资＋虚假出资罪、操纵市场、内幕交易＋老鼠仓、杠杆率、骗贷＋信用卡诈骗＋信用卡诈骗罪、高利贷、民间借贷风险＋民间借贷＋民间借贷纠纷、僵尸企业、破产、倒闭
	互联网金融领域 （19个）	套路贷、非法集资＋集资诈骗、非法吸收公众存款＋非法吸收公众存款罪、P2P爆雷＋网贷之家＋网贷天眼、芝麻信用、校园贷、裸贷＋裸条贷＋裸条门、维权、割韭菜、庞氏骗局、圈钱＋跑路＋刚性兑付
	电商领域 （9个）	虚假交易＋虚假发货、刷单＋刷排名＋刷销量、删差评、刷砖、飞单、恶意差评
	税务领域 （8个）	纳税＋纳税申报、偷税＋偷税漏税、逃税＋阴阳合同
	价格领域 （8个）	价格欺诈、哄抬物价、宰客、合同诈骗＋合同诈骗罪、保健品＋权健事件、强买强卖
	交通运输领域 （11个）	交通违法＋交通违章、违章、特大交通事故＋重大交通事故＋交通事故、超载＋超速＋拒载、驾照代扣分、肇事逃逸

续表

分类		关键词（正面舆情/负面舆情）
信用热点	医疗卫生领域（10个）	问题疫苗＋假疫苗、疫苗案、医托、号贩子、医患关系＋医患、医患纠纷＋医患矛盾、假药
	社会保障领域（13个）	慈善、公益、捐赠＋捐助＋捐款、诈捐门＋诈捐门事件、郭美美事件、空巢老人＋空巢、救助＋弃婴、骗保
	劳动用工领域（4个）	拖欠货款＋拖欠工程款、拖欠农民工工资＋拖欠工资
	教育科研领域（13个）	学术造假＋抄袭＋剽窃、学术腐败、学历造假、作弊＋考试作弊、阳光高考、诚信考试、弄虚作假、虐童＋体罚＋性侵
	节能环保领域（11个）	保护环境＋环境保护、节能＋节约能源、节能环保＋绿色环保、保护生态环境、环境整治、环境污染＋污染环境、偷排
	知识产权领域（4个）	知识产权保护、侵犯知识产权、盗版、侵权
	互联网领域（21个）	网络造谣＋造谣、信息安全＋信息泄露＋隐私保护、电信诈骗＋诈骗＋网络诈骗、刷流量＋刷粉丝、虚假新闻、网络暴力＋人肉搜索、垃圾短信＋垃圾邮件＋骚扰电话、网络攻击＋网络病毒＋网络钓鱼、水军＋网络水军
	旅游领域（2个）	低价游、天价＋天价虾

续表

分类		关键词（正面舆情/负面舆情）
社会诚信	公职人员（29个）	廉洁＋廉洁自律、恪尽职守、大公无私、人民公仆、勇于担当＋敢于担当、全心全意为人民服务、行贿＋受贿、贪污＋腐败＋挪用公款、吃拿卡要、以权谋私、吃空饷＋玩忽职守、公款消费＋公款吃喝＋公款旅游、公车私用、忠诚＋担当、理想＋信念、遵纪守法、消极怠工＋人浮于事＋敷衍塞责
	从业人员（15个）	废寝忘食、爱岗敬业、为人师表、无私奉献、道德模范、兢兢业业、呕心沥血、黑中介、职业道德＋职业操守＋职业素养、责任感＋企业家精神＋敬业奉献、童叟无欺
	社会公众（39个）	正能量、好人好事、中国好人榜、雷锋精神＋活雷锋、感动中国、榜样、无偿献血、志愿者、拾金不昧、见义勇为、文明出行、爱心、让座、道德沦丧、教科书式耍赖、碰瓷、骗婚、出轨、小三、肉偿、违章建筑＋最牛违建、超生、扶不扶＋假摔、占座＋霸座男＋霸座女、逃票、拜金主义、道德＋厚道＋孝顺、爱国守法、撒谎＋说谎、文明、陋习
合计		695个

（三）信息爬取

以上述各关键词（或组合关键词）为检索对象，在百度指数搜索界面逐一检索并爬取各关键词的天搜索指数值，然后换算得出全国2011—

2018 年的年搜索指数序列和 2018 年 31 个省级行政区（除港澳台地区）的年搜索指数序列。

（四）权重的确定

信用舆情关键词的搜索指数同样为正向型指标，直接用线性比例法对四大类指标的关键词数据进行无量纲化，取特殊点为最大值。各关键词的权重以其年搜索指数值大小来确定，年搜索指数值代表该关键词的舆情热度，搜索指数值越大表明舆情热度越高，因此权重就越大。

（五）分项舆情值的合成

各维度中分项舆情值的合成采用线性加权方式进行信息集结，即将各关键词按其搜索热度进行加权，得出各分项舆情值（见表 6-3）。

表 6-3   不同维度不同领域的信用舆情值

		2011 年	2012 年	2013 年	2014 年	2015 年	2016 年	2017 年	2018 年
基础信用（X0）		12.9	23.7	13.9	42.3	60.9	63.0	70.4	90.0
信用法治（X1）		65.9	69.2	66.5	66.9	76.4	81.6	88.4	90.9
政府公信	政务公信（X2）	41.3	45.9	47.0	62.7	76.7	66.0	82.9	84.4
	司法公信（X3）	59.7	68.1	76.0	81.7	71.8	70.7	77.1	81.8

		2011年	2012年	2013年	2014年	2015年	2016年	2017年	2018年
信用热点	政务信用热点（X4）	10.3	12.8	17.7	28.7	42.2	58.0	80.8	84.2
	司法信用热点（X5）	17.9	20.5	46.4	61.5	56.6	70.2	66.2	75.0
	商务信用热点（X6）	46.7	54.0	54.5	70.0	77.1	77.4	76.2	72.5
	社会信用热点（X7）	65.5	60.9	57.6	60.5	73.9	70.7	72.0	69.6
社会诚信	公职人员诚信（X8）	68.7	77.6	73.7	78.4	78.7	77.2	85.6	86.5
	从业人员诚信（X9）	62.4	67.0	65.3	66.8	73.4	76.0	90.2	97.9
	社会公众诚信（X10）	59.7	69.3	63.6	68.9	69.2	67.4	71.6	73.5

三、信用舆情指数的构建

（一）信用舆情分类指数权重的确定

为了得到舆情指数，还需要确定基础信用值与各分项舆情值的权重。在确定基础信用值和分项舆情值的时候，本研究采用搜索指数的热度作为确权的依据,但在合成总指数和各大类指数(维度指数和领域指数)时,仅用热度确权并不合适,这是因为检索关键词数量有多有少,检索关键词越多,该维度或领域的搜索指数权重就会越高,因此增加检索关键词就会增加权重,而事实上关键词是无法穷尽的。为了克服检索词太多造成的权重失衡现象,需要采用其他确权方式在维度和领域之间进行权重平衡。因此,本研究采用"搜索热度+波动性"的方式来综合确权,因为波动性可以及时发现舆情信号,数据序列的波动性越强,舆情发生越频繁,权重就越高。分类指数权重结果如表 6-4 所示。

表 6-4   各分类指数权重计算

	X0	X1	X2	X3	X4	X5	X6	X7	X8	X9	X10	总计
标准差	28.47	10.20	17.18	7.43	29.69	21.90	12.33	6.09	5.79	12.78	4.39	156.26
标准差确权	18.22	6.53	11.00	4.76	19.00	14.02	7.89	3.90	3.71	8.18	2.81	100
搜索频次/(万·年$^{-1}$)	453	5239	1395	139	577	214	2436	1378	462	228	1117	13638
搜索频次确权	3.66	42.31	1.13	1.12	4.66	1.72	19.67	11.13	3.73	1.84	9.02	100
综合权重	10.94	24.42	6.06	2.95	11.83	7.87	13.78	7.51	3.72	5.01	5.91	100

(二)信用舆情总指数的构建与修正

总指数通过基础信用值和各分项舆情值的线性加权得出,其取值范围为[0,100],指数值越大,表明舆情热度越高。为使总指数更客观地反映信用舆情的长期变化趋势,有必要对指数值做进一步的修正。由于基于关键词搜索指数的舆情值会不可避免地受到互联网用户基数的影响,为了将这种由用户基数增长带来的舆情变化因素剔除,本研究考虑用互联网普及率的发展速度来做修正。由于样本期内我国互联网普及率增速均大于100%,因此修正后的历年指数值将有不同程度的降低,具体结果见表6-5。

表6-5 信用舆情总指数

	2011年	2012年	2013年	2014年	2015年	2016年	2017年	2018年
总指数（修正前）	45.0	49.7	50.2	59.9	68.4	71.9	79.2	83.1
互联网普及率/%	38.3	42.1	45.8	47.9	50.3	53.2	55.8	59.6
互联网普及率增速/%	111.7	109.9	108.8	104.6	105	105.8	104.9	106.8
总指数（修正后）	40.2	45.3	46.1	57.3	65.2	68.0	75.5	77.8

注:历年互联网普及率来源于《中国统计年鉴》。

（三）维度和领域信用舆情指数的构建

信用法治舆情、政府公信舆情、信用热点舆情、社会诚信舆情四大维度的信用舆情指数由相应维度的分项舆情值通过线性加权方式得到，政务领域、商务领域、社会领域、司法领域信用舆情指数由相应领域的分项舆情值通过线性加权方式得到。这两个舆情分类指数同样用互联网普及率增速进行修正，结果分别见表 6-6 和表 6-7。

表 6-6　不同维度的信用舆情指数（修正后）

	2011 年	2012 年	2013 年	2014 年	2015 年	2016 年	2017 年	2018 年
信用法治舆情	59.0	62.9	61.1	63.9	72.8	77.1	84.2	85.1
政府公信舆情	42.3	48.4	51.9	65.9	71.5	63.9	77.2	78.2
信用热点舆情	30.5	33.6	39.4	52.3	59.5	65.4	71.3	71.0
社会诚信舆情	56.3	64.2	61.4	67.5	69.6	68.8	77.7	79.7

表 6-7　不同领域的信用舆情指数(修正后)

	2011 年	2012 年	2013 年	2014 年	2015 年	2016 年	2017 年	2018 年
政务领域	26.0	30.2	32.7	44.8	55.4	60.1	78.4	79.3
商务领域	45.5	52.3	52.8	66.1	72.5	72.8	76.2	74.2
社会领域	56.4	58.8	55.4	61.4	68.4	65.4	68.4	66.8
司法领域	50.1	54.6	58.7	65.0	68.8	73.8	78.9	81.1

第二节　信用舆情分析

一、信用舆情态势的整体研判

如图 6-1 所示,2011—2018 年,全社会信用舆情总指数一路上升到 2018 年的 77.8,较 2011 年的 40.2,增长近 1 倍。监测的全部 695 个关键词中,年搜索指数均值达 28.4 万频次;其中,有超过 8 成的关键词,其年搜索指数较 2011 年出现正增长;关键词年搜索指数加权值从 2011 年的 9.76 亿频次增长到 2018 年的 15.43 亿频次。这表明民众对全社会各类信用活动的关注程度普遍提高,信用舆情呈现持续升温态势。尤其是 2014 年,指数增速最高,达到 24.3%,从时间上看,恰好与我国社会信用体系建设过程中的里程碑式文件——《社会信用体系建设规划纲要(2014—2020 年)》的出台相吻合。以此为契机，我国社会信用体系建设进入快车道，信用舆情指数也迎来了新一轮的快速增长。

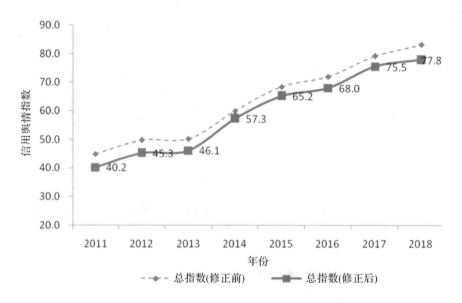

图 6-1　我国 2011 至 2018 年间信用舆情指数的变动趋势

从对 695 个关键词的进一步排名统计分析来看（见表 6-8）：按年搜索均值，排名前 3 的关键词，分别是来自商务领域的"P2P 爆雷事件＋网贷之家＋网贷天眼"（年均 195.6 万频次）；来自政务领域的"征信＋征信中心"（年均 184.7 万频次）；来自商务领域的"保健品＋权健事件"（年均 181.7 万频次）。排名前 10 的关键词，主要集中在商务领域（4 个）和社会领域（4 个），政务领域占 2 个。

表 6-8　2011 至 2018 年搜索排名前 10 信用舆情关键词（按年搜索均值）

排名	热点关键词（或组合）	年搜索均值/万频次	所属领域
1	P2P 爆雷事件＋网贷之家＋网贷天眼	195.6	商务领域
2	征信＋征信中心	184.7	政务领域
3	保健品＋权健事件	181.7	商务领域
4	网络暴力＋人肉搜索	169.5	社会领域
5	国家企业信用信息公示系统＋企业信用信息公示系统＋信用信息	169.3	政务领域
6	传销	149.7	商务领域
7	315＋打假	147.5	商务领域
8	小三	135.5	社会领域
9	阳光高考	125.1	社会领域
10	虐童＋体罚＋性侵	121.3	社会领域

二、信用舆情的结构性特征剖析

（一）政务领域

政务领域信用舆情指数年均增速达 17.3％，是四大领域中起点最低,但增长最快的一个,该指数连续多年保持快速上升的态势,直到 2018 年增速才明显放缓,如图 6-2 所示。

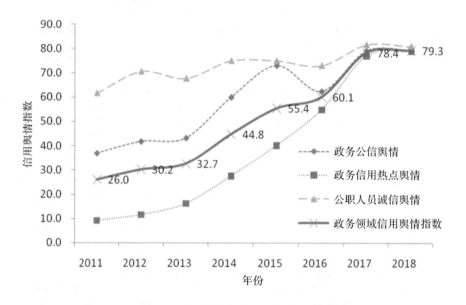

图 6-2　2011—2018 年政务领域信用舆情指数及其维度特征

从三个维度对政务领域信用舆情特征做进一步分析。

首先,从政务公信舆情维度看,2011—2018 年,该维度指数呈现整体上升态势,但 2016 年出现明显下滑,2017 年重回上升轨道。从政务公信监测的关键词角度进行成因分析,2014 年 10 月 23 日,中国共产党第十八届中央委员会第四次全体会议通过了《中共中央关于全面推进依法治国若干重大问题的决定》,2015 年人民日报、人民网、新华网刊登《依法治国关键在党》《全面依法治国开启现代化治理新境界》《依法治国关键在落实》等多篇评论员文章,"依法治国"迅速成为政务公信舆情的热点。随着舆情的持续升温,2014 年"依法治国"搜索指数出现急剧攀升,并持续到 2015 年,创下年 87.85 万频次的峰值记录,直到 2016 年舆情热度开始降温,指数开始回落。如果说依法治国是政府公信的最好写照,那么"放管服"改革则是提升现代政府信用治理能力的又一重要举措。2017 年以来,随着"放管服"改革向纵深推进,以关键词"放管服""简政放权"为代表的舆情指数出现明显上升,从而带动政府公信舆情指数在 2016 年短暂下滑后开始回升。

其次,从政务信用热点舆情维度看,该维度指数保持快速增长态势,一直到 2018 年才明显放缓,年均增速达 35.9%,远超其他维度指数,政务领域信用舆情指数的增长主要源自该项指数。从重点监测的 18 个领域 222 个信用热点关键词的统计分析结果来看,搜索排名前 20 的信用热点关键词(见表 6-9)中,政务领域涉及 4 组,分别是年度搜索频次排名第 2 的"国家企业信用信息公示系统＋企业信用信息公示系统＋信用信息"、排名第 3 的"征信＋征信中心"、排名第 11 的"信用中国"和排名第 19 的"反腐＋反腐败",舆情热点分别出现在 2018 年、2017 年、2018 年和 2014 年。从以上信用热点关键词及其舆情峰值出现周期分析也可以看出近几年我国社会信用体系建设的重点方向及主要成效。其中,两大政府信用平台(征信平台、政府公共信用平台)的建设加速推进,民众关注度大幅提升;反腐倡廉建设取得显著成效,其关注程度在 2014 年到达峰值后,其后连续 4 年下降。此外,在 2018 年涉及政务领域信用热点监测的 17 个关键词中,有 7 个关键词的搜索量较 2017 年下降,其中影响最大的关键词为"征信＋征信中心",其搜索量 8 年来首次出现较大幅度下降,达

19.5％,这是造成2018年指数增速大幅放缓的主要原因。

表6-9　2011—2018年搜索排名前20的信用热点关键词(按舆情峰值)

排名	热点关键词(或组合)	舆情峰值 (万频次)	年份	所属领域
1	保健品＋权健事件	922.2	2014	价格领域
2	国家企业信用信息公示系统＋企业信用信息公示系统＋信用信息	581.7	2018	政务领域
3	征信＋征信中心	451.5	2017	政务领域
4	网络暴力＋人肉搜索	385.7	2011	互联网领域
5	P2P爆雷事件＋网贷之家＋网贷天眼	378.3	2018	互联网金融领域
6	315＋打假	315.5	2016	流通领域领域
7	郭美美事件	303.2	2011	社会保障领域
8	阳光高考	207.9	2018	教育科研领域
9	传销	206.0	2015	流通领域
10	虐童＋体罚＋性侵	179.2	2015	教育科研领域
11	信用中国	155.7	2018	政务领域
12	失信黑名单＋黑名单	152.6	2014	司法领域
13	芝麻信用	147.3	2017	互联网金融领域
14	被执行人＋失信被执行人	134.1	2018	司法领域
15	裸贷＋裸条贷＋裸条门	132.6	2016	互联网金融领域

排名	热点关键词（或组合）	舆情峰值（万频次）	年份	所属领域
16	电信诈骗＋诈骗＋网络诈骗	128.6	2016	互联网领域
17	刷单＋刷排名＋刷销量	123.9	2018	电子商务领域
18	保护环境＋环境保护	113.9	2018	节能环保领域
19	反腐＋反腐败	110.6	2014	政务领域
20	问题疫苗＋假疫苗＋疫苗案	105.2	2018	医疗卫生领域

最后，从公职人员诚信舆情维度看，该维度指数是三个维度分类指数中起点最高但增速最为缓慢的一个，其年均增速仅为 4％。起点高表明公众的关注程度一直较高，增速缓慢则表明公职人员诚信的舆情关注度近几年未形成重特大信用舆情热点。在公职人员诚信舆情监测的 29 个关键词中，关注程度最高的两组关键词为"理想＋信念"和"贪污＋腐败＋挪用公款"，其舆情高峰分别出现在 2012 年和 2014 年，搜索峰值分别达 122.5 万频次和 81.8 万频次。可以看出，公职人员诚信的上述关键词与政务领域信用热点关键词明显相关，且舆情峰值出现时间和搜索指标变动趋势上也十分吻合。

（二）商务领域

商务领域信用舆情指数年均增速为 7.2％，指数呈整体上升趋势，详见图 6-3。

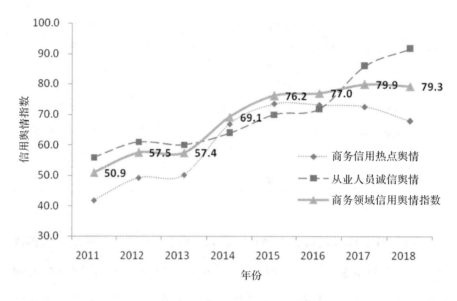

图 6-3 商务领域信用舆情指数及其维度特征

从构成商务领域信用舆情的两个维度出发做以下分析。

首先,从商务信用热点舆情维度看,其指数呈现缓慢增长到快速增长再到缓慢回落特征。从重点监测的八大商务领域统计分析来看,受关注度最高的是价格领域的保健品骗局,关键词"保健品＋权健事件"的搜索指数在 2014 年一度达 922.2 万频次,在 18 个领域 222 个信用热点关键词中排名第一;受关注度排名第二的是互联网金融领域的"P2P 爆雷＋网贷之家＋网贷天眼",其舆情集中出现在 2016—2018 年,连续 3 年搜索指数超 300 万频次,在 18 个领域中排名第 5,此外,排名第 13 名的"芝麻信用"和第 15 名的"裸贷＋裸条贷＋裸条门",也同样来自互联网金融领域;在八大商务领域中受关注度排名第三的是流通领域,其关注度最高的两组关键词"315＋打假"和"传销"，前者年搜索均值147.5万频次，峰值是2016年的315.8万频次，后者年搜索均值149.7万频次，搜索峰值是2015年的206万频次，上述两个关键词在18个领域中分别位列第6和第9。八大商务领域的其余5个领域，按照检索关键词峰值排名，分别是电子商务领域的"刷单＋刷排名＋刷销量"（2015年的123.9万频次）、交通运输领域的"特大交通事故＋重大交通事故＋交通事故"（2015年的119.8万频次）、金融领域的"民间借贷风险＋民间借贷＋民间借贷纠纷"（2015年的82.2万频次，舆情事件为最高法公布《关于审理民间借贷案件适用法律若干问题的规定》，确定民间借贷年利率超过36％部分利息无效，引起公众与媒体极大的关注）、税收领域的"逃税＋阴阳合同"（2018年的67.9万频次，舆情事件为"明星偷逃税遭罚款8亿"）、生产领域的"安全事故＋重大事故＋特别重大事故"（2015年的58.3万频次）。

其次，从从业人员诚信舆情维度看，该指数在高位持续上升且不断创出新高。这表明，当前商务领域从业人员的诚信问题尤为突出，引起公众的持续高度关注。从监测的正、负两类舆情关键词分析来看，公众对"职业道德＋职业操守＋职业素养"的关注度最高（年均搜索49.2万频次），其次为"责任感＋企业家精神＋敬业奉献"（年均搜索31.3万频次）。

（三）社会领域

如图6-4所示，社会领域信用舆情指数是全部四大类领域指数中增速最慢的一个，指数在2013年、2016年和2018年均出现下降，其余年份上涨,起伏波动较频繁,且指数值在最近两年均低于其他领域指数值。这表明,近几年社会领域的信用舆情关注程度整体上低于其他领域。该领域的信用热点切换较快,热点之间关联性较弱,持续性较差,造成了指数的频繁起伏波动。

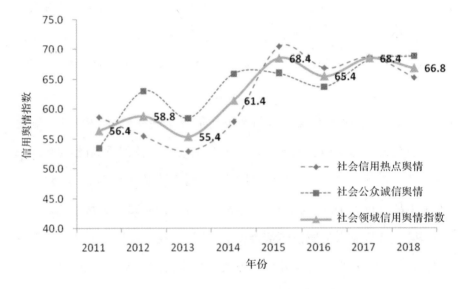

图 6-4 社会领域信用舆情指数及其维度特征

以下从构成社会领域信用舆情的两个维度进行具体分析。

首先,从社会信用热点舆情维度看,该维度指数在 2012 年、2013 年、2016 年和 2018 年均出现下降,指数最高值出现在 2015 年。该舆情监测指数覆盖 8 大社会领域 78 个信用热点关键词。从全部 18 个领域搜索排名比较来看,前 20 大信用热点关键词中,该领域占据 7 席。其中,互联网领域 2 席、教育科研领域 2 席、社会保障领域、节能环保领域、医疗卫生领域各占 1 席。关注度最高的为互联网领域的"网络暴力＋人肉搜索",年均搜索量达 169.5 万频次,搜索峰值为 2011 年的 385.7 万频次,但其搜索量自 2011 年以来已连续 7 年下降,这表明互联网领域该类问题的信用状况有明显改观,公众关注度下降;互联网领域的另一个关注度较高的关键词为"网络诈骗＋电信诈骗＋诈骗",其年均搜索达 85.9 万频次,该搜索指数自 2011 年以来连续上升,在 2016 年达到峰值 128.6 万频次后,开始缓慢下降,这表明该类舆情问题得到一定遏制,但目前公众的关注度仍然较高,是否得到彻底扭转还有待观察。教育科研领域的诚信问题是近几年的重灾区,从对该领域关注度最高的两大关键词"阳光高考"(年均搜索 125 万频次,连续 4 年高于 175 万频次)和"虐童＋体罚＋性侵"(年均搜索 121.3 万频次,连续 5 年高于 130 万频次)的分析来看,从高考的公平性、学术造假,到虐童、体罚、性侵学生等,舆情事件层出不穷,且每次都引起社会舆论的极大关注。社会保障领域关注度最高的关键词为"郭美美事件"(年均搜索 83.2 万频次,2011 年的搜索峰值达 303.2 万频次),该事件使国内的公益慈善陷入严重的信任危机。节能环保领域信用关注度最高的关键词为"保护环境＋环境保护"(年均搜索 90 万频次,搜索峰值为 2018 年的 114 万频次)。医疗卫生领域的"问题疫苗＋假疫苗＋疫苗案",2018 年由于"长春长生问题疫苗事件"引起公众极大关注,搜索量达 105.2 万频次,创历史新高。此外,相比于其他社会领域,劳动用工领域的"拖欠农民工工资＋拖欠工资"(年均搜索 19.8 万频次)、知识产权领域的"盗版"(年均搜索 16.3 万频次,连续 7 年下降)和旅游领域的"天价＋天价虾"(年均搜索 13.2 万频次),公众关注度整体并不高。

其次，从社会公众诚信舆情维度看，该维度指数同样呈现起伏态势，在 2013 年和 2016 年出现短暂下降，其余年份上升，但整体波动不大。从监测的关键词来看，社会公众诚信关注度最高的关键词分别为"出轨"和"小三"，其舆情分别出现在 2018 年和 2011 年，年度搜索峰值达 162.2 万频次和 235.1 频次。此外，正面舆情关键词中的"雷锋精神＋活雷锋"（2012 年搜索峰值 159.5 万频次）和"正能量"（2013 年搜索峰值 133.9 万频次）的关注程度也比较高。

（四）司法领域

司法领域信用舆情指数的增长近乎一条直线，年均增速 7.1％，详见图 6-5。

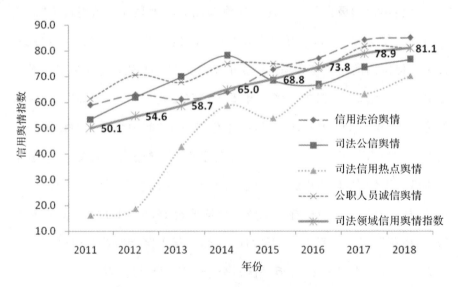

图 6-5　司法领域信用舆情指数及其维度特征

由于司法工作人员与政府工作人员均属公职人员,其舆情特征已在政务领域舆情中做了分析,此处着重分析其余三个维度。

首先,从信用法治舆情维度分析,公众对各类法律法规的关注稳步上升。如表 6-10 所示,204 部被百度指数收录的现行法规的 344 个关键词中("驻军法"2019 年才被收录,不予统计),2018 年检索指数较 2011 年呈现上升的有 152 部 266 个关键词,占比分别为 74.5% 和 77.3%。其中,28 部被收录的宪法与宪法相关法的 43 个关键词中,上升的有 23 部 36 个关键词,占比分别达 82.1% 和 83.7%;33 部被收录的民法商法相关的 59 个关键词中,上升的有 27 部合计 47 个关键词,占比分别为 81.8% 和 79.7%;63 部被收录的行政法的 111 个关键词中,上升的有 49 部合计 90 个关键词,占比分别为 77.8% 和 81.1%;52 部被收录的经济法的 80 个关键词中,上升的有 34 部合计 55 个关键词,占比分别为 65.4% 和 68.8%;18 部被收录的社会法的 33 个关键词中,上升的有 12 部合计 25 个关键词,占比分别为 66.7% 和 75.8%;2 部被收录的刑法的 3 个关键词中,上升的有 1 部合计 2 个关键词;8 部被收录的诉讼和非诉讼程序法的 15 个关键词中,上升的有 6 部合计 11 个关键词。

表 6-10　信用法治舆情类关键词

现行法规分类	法规数量/部	百度收录		搜索出现增长	
		法规数量/部	关键词数量/个	法规数量/部	关键词数量/个
宪法与宪法相关法	47	29	44	23	36

续表

现行法规分类	法规数量/部	百度收录		搜索出现增长	
		法规数量/部	关键词数量/个	法规数量/部	关键词数量/个
民法商法	36	33	59	27	47
行政法	88	63	111	49	90
经济法	69	52	80	34	55
社会法	22	18	33	12	25
刑法	2	2	3	1	2
诉讼与非诉讼程序法	11	8	15	6	11
合 计	275	205	345	152	266

注：现行法规目录统计时间截至 2019 年 6 月，以"法规全称＋法规简称"为百度关键词进行检索，例如，《中华人民共和国商标法》的百度搜索指数，其检索关键词为"中华人民共和国商标法＋商标法"，指数值为上述两个关键词之和。

其次，从司法公信舆情维度分析，该维度是所有维度中关注度最低的一个，11 个舆情监测关键词年均搜索指数仅为 15.4 万频次，关注程度最高的"钓鱼执法"，其搜索峰值也仅为 41.1 万频次，远低于其他维度热点关键词。这表明司法公信的舆情热度整体并不高。

最后，从司法信用热点舆情维度分析，该维度指数年均增速达 23.5％，远超信用法治舆情指数的 5.4％、司法公信舆情的 5.3％和公职人员诚信舆情指数的 4％，是该领域全部维度中起点最低，但增速最快的一个。这表明司法信用热点的舆情关注度在迅速提高。从监测关键词的分析来看,关注度最高的两组关键词分别是"失信黑名单＋黑名单"(年搜索均值 78.9 万频次,前 20 大信用舆情关键词中排名 12)和"被执行人＋失信被执行人"(后者年均搜索 56.7 万频次,在前 20 大信用舆情关键词中排名 14)。从上述司法信用热点舆情关键词及其搜索峰值分布特征来看,2013 年 7 月 19 日,最高人民法院出台了《关于公布失信被执行人名单信息的若干规定》,我国社会信用治理迈出了实质性的一步,同年 10 月,全国首批"失信黑名单"公布,舆情热度迅速升温,"失信黑名单＋黑名单"在 2014 年达到 152.6 万频次的搜索峰值。随着全国法院持续发布失信被执行人名单(截至 2019 年 5 月 17 日累计达 1379 万人次),"被执行人＋失信被执行人"的搜索热度从 2016 年起替代了"失信黑名单＋黑名单",开始迅速升温,2018 年达 134.1 万频次。当前司法领域信用治理仍在快速推进,可预见在今后较长一段时间内,该领域的舆情热度还将进一步升温。

三、区域性信用舆情特征分析

(一)信用舆情地区排名

从 2018 年各省(区、市)信用舆情的横向比较来看,总指数排名首位的是广东,位列第 2 至第 5 位的分别是江苏、北京、浙江和山东。从维度来看,广东在信用法治舆情、政府公信舆情、信用热点舆情和社会诚信舆情均排名第一,信用法治舆情排名第 2 至第 5 位的依次是北京、江苏、山东和浙江,政府公信舆情排名第 2 至第 5 位的依次是北京、山东、江苏和浙江,信用热点舆情排名第 2 至第 5 位的依次是江苏、北京、浙江和山东,社会诚信舆情排名第 2 至第 5 位的依次是江苏、山东、浙江和北京。信用舆情总指数排名后四位的依次是海南、宁夏、青海和西藏,其中西藏在四个维度中全部排名最后。

从对 695 个舆情关键词全年累计搜索排名分析来看,广东 4117 万频次,排名第一,排名第 2 至第 5 的依次为北京、江苏、浙江和山东,排名后四位的依次是海南、宁夏、青海和西藏。

排名显然会受到各地网民基数多少的影响,由于目前尚未公布 2018 年全国各地上网人数,本研究用 2016 年的数据替代分析。如表 6-11 所示,排名第一的广东在上网人数上占绝对优势,而排名后四位的海南、宁夏、青海和西藏,则处于劣势。但网民基数并非影响排名的绝对因素,以北京为例,其 2016 年网民人数仅 1690 万,全国排名第 20,远低于浙江和山东,但其信用舆情指数排名位列第 3;相反,以广西为例,其上网人数 2213 万,全国排名第 13,但其信用舆情指数排名仅位列 20。显然,除网民基数外,由于受经济发展水平、社会信用体系建设水平、公众信用意识、信用热点事件分布等其他因素影响,各地对信用关注度存在差异,这才是影响信用舆情指数的真正原因。

表 6-11　各地信用舆情指数

地区	信用法治	政府公信	信用热点	社会诚信	总指数	全部关键词全年累计搜索/万频次	2016年互联网上网人数/万人
广东	98.9	99.9	99.2	99.2	99.21	4117.0	8024
江苏	90.8	93.5	90.3	92.6	91.16	3275.2	4513
北京	93.1	95.2	90.2	89.4	91.06	3365.4	1690
浙江	88.9	92.5	89.4	90.5	89.69	3130.3	3632
山东	89.2	94.3	86.9	91.6	88.91	3055.9	5207
河南	85.3	88.7	83.9	87.6	85.39	2673.2	4110
四川	87.8	88.8	83.3	85.3	85.29	2702.6	3575
上海	83.9	85.9	85.0	84.6	84.68	2673.8	1791
湖北	82.3	85.7	80.3	83.5	81.89	2352.2	3009
河北	82.0	84.7	80.3	84.0	81.85	2343.5	3956
福建	79.3	82.1	79.7	81.6	80.33	2150.8	2678
湖南	81.1	83.7	78.0	82.0	80.10	2171.3	2721
安徽	79.2	84.1	78.7	81.8	79.94	2118.7	3013
辽宁	78.3	80.9	77.5	80.3	78.63	2007.9	2741
陕西	78.4	82.0	76.2	80.7	78.17	1959.9	1989
重庆	77.3	79.1	75.8	76.9	76.65	1821.1	1556
江西	75.4	79.6	75.1	78.9	76.34	1770.6	2035

续表

地区	信用法治	政府公信	信用热点	社会诚信	总指数	全部关键词全年累计搜索/万频次	2016年互联网上网人数/万人
山西	76.4	79.2	74.3	78.2	76.06	1751.7	2035
云南	77.9	79.7	73.8	77.3	75.99	1769.9	1892
广西	76.1	77.5	74.2	77.3	75.60	1732.6	2213
贵州	76.5	76.3	71.8	73.9	73.80	1570.5	999
黑龙江	74.0	76.5	72.3	75.5	73.80	1542.2	1835
天津	72.8	76.3	72.9	75.2	73.58	1509.7	1524
内蒙古	73.8	76.8	71.5	74.2	73.08	1452.8	1311
吉林	72.2	75.6	71.7	74.3	72.77	1425.4	1402
新疆	73.3	73.6	69.4	72.5	71.35	1334.2	1296
甘肃	72.4	73.6	69.0	71.5	70.82	1270.8	1101
海南	66.2	69.0	63.5	67.6	65.93	871.8	470
宁夏	64.5	64.4	64.5	64.9	64.69	672.0	339
青海	62.9	63.2	63.3	63.5	63.34	547.7	320
西藏	60.2	61.3	61.4	60.7	60.86	315.2	149

(二)地区年度最热信用关键词分析

从各地 2018 年全年最为关注的信用舆情关键词来看,除海南为"信贷风险"、"裸贷＋裸条贷＋裸条门"和"守信"外,其余省(区、市)关注最多的三个关键词均为"国家企业信用信息公示系统＋企业信用信息公示系统＋信用信息"、"征信＋征信中心"和"P2P 爆雷＋网贷之家＋网贷天眼"。其中,上海和浙江两地关注排名第一的为"P2P 爆雷＋网贷之家＋网贷天眼",福建关注排名第一的为"征信＋征信中心",其余全部为"国家企业信用信息公示系统＋企业信用信息公示系统＋信用信息"。

第三节　研究结论

本研究基于百度搜索指数,从政务、商务、社会和司法四大领域,信用法治、政府公信、信用热点、社会诚信多个维度筛选信用舆情关键词并构造信用舆情指数。研究的主要结论:一是随着我国社会信用体系建设不断深入推进,全社会各领域对信用的关注度普遍提高,信用舆情持续升温。二是从信用舆情的结构性特征分析来看,政务领域信用舆情热度上升最快,社会领域信用舆情热度最低、增速最慢;从维度来看,从业人员诚信舆情热度最高,政务信用热点舆情增速最快。三是区域舆情热点整体较为集中,但局部地区也存在差异;各地舆情指数排名不仅受网民基数的影响,更重要的是受经济发展水平、社会信用体系建设水平、公众信用意识、信用热点事件分布等因素的影响。结果表明,本研究构建的基于百度大数据的信用舆情指数,能够及时捕捉并准确揭示全社会各个领域信用舆情的变化特征,客观反映当前我国社会信用体系建设整体舆情态势,是当前技术条件下一种具有较好操作性和实用性的舆情指数编制解决方案。

第七章　HZ市招投标领域信用监测及预警体系的应用

——以园林招投标领域为例

第一节　建立应用模型

一、监测评价指标的预处理

(一)指标方向的一致性转换

从指标功能上来看,监测评价指标大致可以分为四类:极大型指标(又称正向指标)、极小型指标(又称逆向指标或负向指标)、居中型指标和区间型指标。在无量纲化前要先进行方向一致性转换。

1.逆向指标转换

对于逆向指标 x,采用如下方式转换为正向指标:

$$x^* = \frac{1}{x}, \quad x > 0$$

2.居中型指标转换

对于居中型指标 x,令

$$x^* = \begin{cases} 2(x-m), & m \leqslant x \leqslant \dfrac{M+m}{2} \\ 2(M-x), & \dfrac{M+m}{2} \leqslant x \leqslant M \end{cases}$$

式中,m 为指标 x 的一个允许下界,M 为指标 x 的一个允许上界。

3.区间型指标转换

对于区间型指标 x,令

$$x^* = \begin{cases} 1 - \dfrac{q_1 - x}{\max\{q_1 - m, M - q_2\}}, & x < q_1 \\ 1, & x \in [q_1, q_2] \\ 1 - \dfrac{x - q_2}{\max\{q_1 - m, M - q_2\}}, & x > q_2 \end{cases}$$

式中,$[q_1, q_2]$ 为指标 x 的最佳稳定区间;m 为指标 x 的一个允许下界,M

为指标 x 的一个允许上界。

通过上述三种方式，便可以将全部评价指标统一转换为正向指标。

(二)指标的无量纲转换

将监测评价指标统一转换为正向评价指标之后，接下来就是对各项监测评价指标进行无量纲转换，以消除监测评价指标由于量纲或量级不同造成的评价结果对比失真。

线性无量纲化方法是当前综合评价中应用最为广泛的指标预处理方法，常用的方法包括标准化处理法、极值处理法、线性比例法、归一化处理法、向量规范法和功效系数法。根据监测评价指标含义，采用线性比例法或功效系数法两种方式对评价指标进行无量纲化处理。

1.线性比例法

转换公式如下

$$x_{ij}^* = \frac{x_{ij}}{x_j'} (i=1,2,\cdots,n; j=1,2,\cdots,m)$$

式中，x_j' 为一特殊点，一般可取为 m_j、M_j、$\overline{x_j}$。当 $x_j'=m_j>0$ 时，$x_{ij}^* \in [1,\infty)$，有最小值 1，无固定的最大值；当 $x_j'=M_j>0$ 时，$x_{ij}^*(0,1]$，有最大值 1，无固定的最小值；当 $x_j'=\overline{x_j}>0$ 时，$x_{ij}^* \in (-\infty,+\infty]$，取值范围不固定，$\sum_i x_{ij}^* = n$。

2.功效系数法

标准模式下正向指标的功效系数公式采用如下形式：

$$x_{ij}^{*}=c+\frac{x_{ij}-m_j}{M_j'-m_j}\times d,\qquad x_j^{*}\in[c,c+d]$$

式中，x_{ij} 为第 i 个样本第 j 项评价指标的实际值，M_j'、m_j 分别为指标 x_{ij} 的满意值和不容许值；c、d 均为已知正整数；c 的作用是对变换后的值进行"平移"；d 的作用是对变换后的值进行"放大"或"缩小"。这种处理方法的取值范围确定，满分值为 $c+d$，最小值为 c。在实际应用中，若指标 x_{ij} 实际取值高于满意值 M_j'，则得分为满分值 $c+d$；若指标 x_{ij} 实际取值低于不容许值 m_j'，则得分为最小值 c。因此可以将上述公式进一步改进为：

$$x_{ij}^{*}=\begin{cases} c, & x_{ij}<m_j' \\ c+\dfrac{x_{ij}-m_j'}{M_j'-m_j'}\times d, & m_j'\leqslant x_{ij}\leqslant M_j' \\ c+d, & x_{ij}>M_j' \end{cases}$$

举例来说，正向指标流动比率的满意值 $M_j'=150\%$，不容许值 $m_j'=100\%$，最小值设定为 $c=40$，满分值 $c+d=100$，某企业该项指标的实际值为 $x_{ij}=120\%\in[m_j',M_j']$，则最终得分 $x_{ij}^{*}=64$ 分；如果其实际值 $x_{ij}=180\%\in(M_j',+\infty)$，则为满分 100 分；如果实际值为 $80\%\in(-\infty,m_j')$，则为最小值 40 分。

在企业信用评价过程中，为了统一标准，上述公式中的最小值 c 一律

设定为 40,满分值 $c+d$ 则设定为 100,评价结果的取值范围为$[40,100]$,因此实际计算的公式为:

$$x_{ij}^* = \begin{cases} 40, & x_{ij} < m_j' \\ 40 + \dfrac{x_{ij} - m_j'}{M_j' - m_j'} \times 60, & m_j' \leqslant x_{ij} \leqslant M_j' \\ 100, & x_{ij} > M_j' \end{cases}$$

(三)定性指标的量化方法

定性指标主要从质的方面对招投标企业信用进行综合考察,招投标企业的信用状况不仅体现在可以量化的各项定量指标上,同时也体现在不宜直接量化的定性指标上。定性评价是对招投标企业信用进行定量评价基础上的有效补充,将定量分析和定性分析相结合,可以更为全面客观地衡量企业的信用风险状况。定性指标,又可以称为主观性指标和软指标,其评价主要建立在评价者对评价对象的认知水平、认知能力或个人偏好等主观性因素上,因而很难完全排除人为因素的干扰对评价结果造成的偏差,具有一定的模糊性或灰色性。招投标企业信用监测评价中的定性指标定量化主要采用如下两种处理方法:"直接量化法"和"间接量化法"。

1. 直接量化法

直接量化法是对总体中各单位在某一定性变量上的取值直接评定。

这种量化方法要求将特定总体中的全体单位作为一个整体来考虑,量化值与总体选取有关。

2.间接量化法

间接量化法则是先列出定性变量的所有可能取值的集合,并且将每个待评价单位在该变量上定性取值登记下来,然后再将"定性变量取值集合"中的元素进行量化,据此将每个单位的定性取值全部转换为数量。

二、招投标企业信用监测评价指标权重设置方法

招投标领域各层级指标权重确定过程中,一方面要充分尊重数据事实,尽可能客观公正,以真实数据为依据来反映招投标企业信用状况;另一方面也要考虑当前数据采集效率较低,指标数据项缺失较为严重等实际现状,需要充分发挥评价方对评价指标重要性判断的主观能动性,将主观、客观两者充分结合,最终科学合理确定权重。基于此,园林招投标企业信用监测评价指标将采用如下方式确定权重。

(一)基于 AHP 的一级和二级指标权重确定方法

层次分析法(AHP)是美国著名的运筹学家 T. L. Satty 等人在 20 世纪 70 年代提出的一种定性和定量评价相结合的多准则决策法。这一方

法在多元评价指标权重确定中有大量的应用和实践。它的优点是可以较为充分地发挥专家的主观经验。由于当前能够采集的招投标企业信用监测评价指标数据信息在各级指标上分布并不均匀,单纯依靠指标数据信息作为决策依据容易失真,因此,有必要将评价专家主观经验结合进来予以平衡。尤其是在 5 个一级指标和 15 个二级指标的确权中,采用 AHP 方法确权更符合当前的评价现状。

采用 AHP 确权大致分为以下几个步骤。

1.构造判断矩阵

我们采用 1~9 标度方法,构造一级指标(或二级指标)的判断矩阵 C,详见表 7-1。

表 7-1　判断矩阵标度及含义

序号	重要性等级	C_{ij} 赋值
1	i,j 两个指标同等重要	1
2	i 指标比 j 指标稍重要	3
3	i 指标比 j 指标明显重要	5
4	i 指标比 j 指标强烈重要	7
5	i 指标比 j 指标极端重要	9
6	i 指标比 j 指标稍不重要	1/3
7	i 指标比 j 指标明显不重要	1/5

续表

序号	重要性等级	C_{ij} 赋值
8	i 指标比 j 指标强烈不重要	1/7
9	i 指标比 j 指标极端不重要	1/9

判断矩阵取如下形式,见表 7-2。

表 7-2   判断矩阵

C	C_1	C_2	⋯	C_n
C_1	C_{11}	C_{12}	⋯	C_{1n}
C_2	C_{21}	C_{22}	⋯	C_{2n}
⋮	⋮	⋮		⋮
C_n	C_{n1}	C_{n2}	⋯	C_{nn}

显然矩阵 C 满足如下性质:

①$C_{ij} > 0$

②$C_{ij} = 1/C_{ij}\,(i \neq j)$

③$C_{ij} = 1\,(i,j = 1,2,\cdots,n)$

2.对判断矩阵进行一致性检验

一致性检验公式如下:

$$CI = \frac{\lambda_{max} - n}{n - 1}$$

其中,λ_{max} 为一致性矩阵的最大特征根。一致性检验值 CI 越小越好。衡量不同阶判断矩阵是否具有满意的一致性,我们还需要引入判断矩阵的平均随机一致性指标 RI 值。对于 1～9 阶判断矩阵,RI 的值分别如表 7-3 所示。

表 7-3　平均随机一致性指标

阶数	RI 值	阶数	RI 值
1	0.00	6	1.24
2	0.00	7	1.32
3	0.58	8	1.41
4	0.90	9	1.45
5	1.12		

当阶数大于 2 时,判断矩阵的一致性指标 CI 与同阶平均随机一致性指标 RI 之比称为一致性比例 CR,当满足下面的条件时

$$CR = \frac{CI}{RI} < 0.10$$

即认为判断矩阵具有满意的一致性,否则就需要调整判断矩阵,使之具有满意的一致性。

3.确定指标权重

先得到判断矩阵每一行元素的乘积 $M_i = \prod_{j=1}^{n} c_{ij}, \qquad i = 1,2,\cdots,n$

计算 M_i 的 n 次平方根 $\overline{W}_i = \sqrt[n]{M_i}$

对向量 $\overline{W}_i = [\overline{W}_1, \overline{W}_2, \cdots, \overline{W}_n]^T$ 归一化处理从而得到指标权重。

$$W_i = \frac{\overline{W}_i}{\sum\limits_{j=1}^{n} \overline{W}_j}$$

各级(一级、二级)指标的 AHP 权重计算借助 Matlab 软件程序计算实现。

(二)基于信息量的三级、四级指标权重确定方法

信息量赋权是一种非常重要的确权方法。由于当前招投标企业信用监测评价指标数据在各个维度和各个领域的分布很不均匀,个别维度和个别领域的评价指标数据十分稀少,如果单纯依据个别指标得出评价结果将会影响结果的科学性。因此在采用专家主观经验的 AHP 确定出一、二级指标权重基础上,三、四级指标需要尽可能地遵循数据指标事实,即可实际测算的指标越多,采集到的数据越多,其包含的信息越全面,评价越客观,因此,应该赋予较高的权重;反之,可测算的指标越少,采集到的数据越少,包含的信息越少,评价结果越不客观,因此,赋予较低的权重。由此,便可以保证最终的评价结果整体上是科学的。

信息量确权的方法很多。这里采用熵值法来确定三级、四级指标权重。熵值法是一种根据指标观测值所提供的信息量大小来确定指标权重的方法。用熵值法确定指标权重的步骤如下。

1.计算特征比重

第 j 项指标的第 i 个评价对象的特征比重为

$$p_{ij} = x_{ij} / \sum_{i=1}^{n} x_{ij}$$

这里假定 $x_{ij} > 0$，且 $\sum_{i=1}^{n} x_{ij} > 0$。

2.计算熵值

$$e_j = -k \sum_{i=1}^{n} p_{ij} \ln(p_{ij})$$

式中，$k > 0$，$e_j > 0$。如果 x_{ij} 对于给定的 j 都相等，那么 $p_{ij} = \dfrac{1}{n}$，此时 $e_j = k\ln n$。

3.计算差异系数

差异系数为

$$g_i = 1 - e_j$$

式中，对于给定的 j，x_{ij} 的差异越小，则 e_j 越大，反之则反。因此 g_j 越大，该指标的作用越大。

4.计算熵权

确定权重,即

$$w_j = \frac{g_j}{\sum\limits_{i=1}^{m} g_i}, j = 1, 2, \cdots, m$$

式中,w_j 为归一化之后的权重系数。

三级、四级指标权重的测算过程同样在 Matlab 软件中实现。

(三)招投标企业信用监测综合评价模型

综合评价方法有多种类型,郭亚军(2012)认为在信息集结方式上大致可以分为三类:基于指标性能的集结方式,基于指标位置的集结方式,以及基于指标值分布的集结方式,其中基于指标性能的集结方式又可以进一步细分为线性加权综合法、非线性加权综合法、增益型线性加权综合法、理想点法等。

考虑到当前招投标领域信用监测评价指标体系评价维度多、评价领域广泛、评价覆盖面大、评价指标多且指标调整较为频繁、测算周期频率高等特点,采用线性加权综合法来实现指标集结是一种合适的选择。该方法可操作性强,测算结果主要用于突出评价对象的整体水平(并非突出评价对象内部均衡性),这对于判断当前招投标领域信用建设的整体面貌及发展状况,十分适合。

招投标领域信用监测线性加权综合模型的详细测算过程及公式如下。

1.三级指标的合成

在第 $j(j=1,2,\cdots,m)$ 个三级指标层下有 n 个事先已经完成预处理（包括指标一致性转换和无量纲化）的四级指标 $x_{ij}(i=1,2,\cdots,n)$，采用线性加权方法进行三级指标的合成。

三级指标合成公式：$y_j = \displaystyle\sum_{i=1}^{n} w_i \cdot x_{ij}$

其中，w_i 为第 i 个四级指标的权重，y_j 为第 j 个合成的三级指标值。

2.二级指标的合成

在第 $h(h=1,2,\cdots,l)$ 个二级指标层下有 m 个三级指标 y_{jh}，采用线性加权方法进行二级指标的合成。

二级指标合成公式：$d_h = \displaystyle\sum_{j=1}^{m} w_j \cdot y_{jh}$

其中，w_j 为第 j 个三级指标的权重，d_h 为第 h 个合成的二级指标值。

3.一级指标的合成

在第 $k(k=1,2,\cdots,s)$ 个一级指标层下有 l 个二级指标 d_{hk}，采用线性加权方法进行一级指标的合成。

一级指标合成公式：$c_k = \displaystyle\sum_{h=1}^{l} w_h \cdot d_{hk}$

其中，w_h 为第 h 个二级指标的权重，c_k 为第 k 个合成的一级指标值。

4.综合评价结果的合成

将 s 个一级指标采用线性加权方法合成最终结果。

综合评价结果的最终合成公式：$C = \sum\limits_{k=1}^{s} w_k \cdot c_k$

其中，w_k 为第 k 个一级指标的权重，C 为综合评价结果，即园林招投标企业信用监测评价值。

第二节　获取数据

本书数据主要来源于以下途径。

1.HZ市公共信用信息平台提供的公共信用信息数据

通过 HZ 市公共信用信息平台，调取了全部参与 HZ 市园林招投标企业在其他领域，包括各个监管部门一些行政监管方面的数据，例如建委、税务、安监、质检、劳动保障、法院、市城市管理局等数十个部门的行政处罚、行政许可、双公示、诚信奖励、红黑名单等公共信用数据。

2.HZ市园林文物局监管数据

HZ 市园林文物局提供了平台上所有参与园林招投标企业的相关监管信息，包括企业参与招投标各环节的良好信用信息、不良信用信息，其中还包括在建绿化工程质量监督与养护巡查等各类过程监管信息,以拓宽监管的维度。

3.参与园林招投标企业自主申报信息

企业自主申报的信息是在原园林绿化市场诚信综合评价系统数据库基础上,进一步加以完善形成的。项目对原有近300家企业和3000家次测评数据进行了清洗和梳理,包括运用第三方大数据对企业自主申报的数据进行交叉验证,进一步提升信息的准确性;同时对原有采集的数据指标进行适当的增减、修改和挖掘,对算法进行了重新设计。

4.第三方大数据

充分挖掘和利用天眼查、企查查、启信宝等第三方大数据公司提供的企业征信数据,以进一步丰富信息维度,包括公司股东债权债务关系、企业经营的风险信息、知识产权信息、新闻舆情信息,甚至HZ市公共信用信息平台尚未归集的在其他地区的各类监管部门的行政处罚信息等。

5.投融界投融大脑数据

本书研究过程中,还得到了浙江投融界科技有限公司投融大脑数据支持。投融界是一个专业的融资信息服务平台,吸引了大量投融资机构、企业与个人用户入驻。目前拥有项目方110万家,资金方20万家,总持有资金超过 3 万亿元。投融界通过"线上＋线下""标准化＋个性化"的服务体系,为客户提供有针对性的投融资信息对接和项目撮合服务,成功对接融资千余亿元。

6.官方公开数据

官方公开数据包括省公共资源交易中心、HZ 市公共资源交易中心、HZ 市绿化网等官方网站公开的信用信息数据,如各类招投标失信曝光统计数据等。

第三节 指数分析

一、招投标企业诚信行为监测结果与分析

1.园林招投标行为监测基本分析

(1)历史中标次数

图 7-1 反映了 292 家企业的历史中标次数,其中××建设集团有限公司中标次数最多,共计 2260 次,但是也存在 17 家企业历史中标次数为 0。

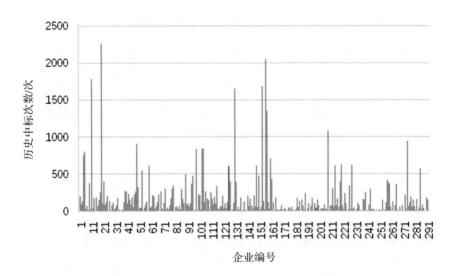

图 7-1　历史中标次数

（2）历史中标总金额

在图 7-2 中，显然历史累计中标金额在 1 亿元及以上的占 38％，而历史累计金额在［100 万元，1000 万元］的最少，占 12％。

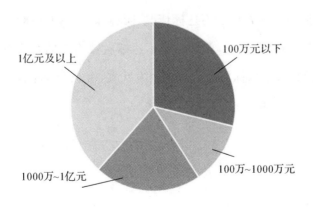

图 7-2　历史中标金额占比

（3）园林工程质安监的整改完成率及整改回复率

如图 7-3 所示，大部分企业无须整改，其整改完成率及回复率记录为 0 状态；另外有 19 家企业存在相关数据记载，其中有 12 家企业的整改完成率及回复率为 100％，有 2 家企业的整改完成率及回复率低于 60％。

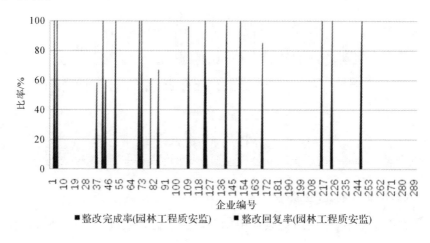

图 7-3　园林工程质安监的整改完成率及整改回复率

（4）养护企业自查记录不达标情况（园林绿化养护管理）

从图 7-4 中可以发现，养护企业不达标次数为 0 的企业有 281 家，占总体的 96.23％；不达标次数为 1 次的有 9 家，占 3.08％；不达标次数为 3 次的企业有 2 家，占 0.69％。

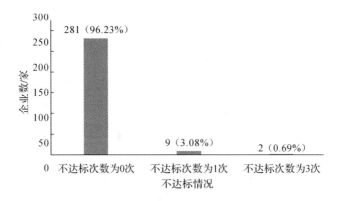

图 7-4 养护企业自查不达标情况

2. 政府职能监测基本分析

(1)行政处罚

如图 7-5 所示,在 292 家企业中,无行政处罚的企业共 263 家,占 90.07%;有行政处罚的企业共 29 家,占 9.93%。

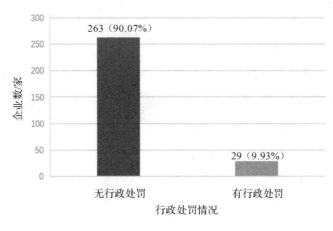

图 7-5 行政处罚情况

（2）红名单加分值

如图 7-6 所示，通过对市场监管局监测维度统计，发现大部分企业不存在红名单加分，即从未入选过红名单，这类企业共计 188 家，占据总体的 64.38％；其余大多数企业的红名单加分为 5～30 分，也就是入选红名单 1～6 次，共计 99 家，占 33.9％；有 2 家优秀企业红名单加分为 30～40 分，占 0.68％。

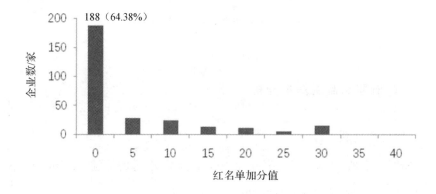

图 7-6　养护企业红名单加分情况

（3）企业信用等级

如图 7-7 所示，税务监测维度反映，接近 70％的企业信用等级在 80 分以上，整体行业的信用素养较高；但是也存在个别企业的信用素养较低，有 5 家企业的信用等级为 30 分，占 1.71％。

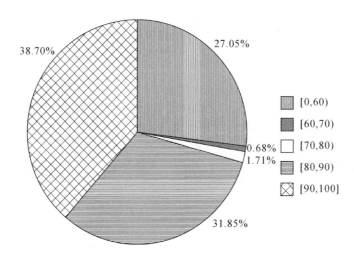

图 7-7　养护企业信用等级情况

（4）不良信息

如图 7-8 所示，在其他行政监测维度下，存在 82.88％的企业是无不良信息的，而只有 17.12％的企业是有不良信息登记在案的。

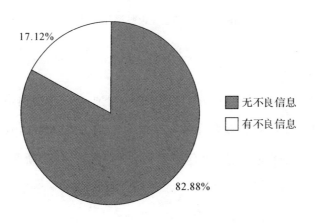

图 7-8　养护企业有无不良信息情况

3.大数据平台监测基本分析

(1)天眼评分

在大数据平台监测下,天眼评分反映了大数据视角下的信用评分,显然大部分企业的评分停留在 60～85 这个区间,但是分数在 60 分以下的企业依然较多,需要进一步改善,如图 7-9 所示。

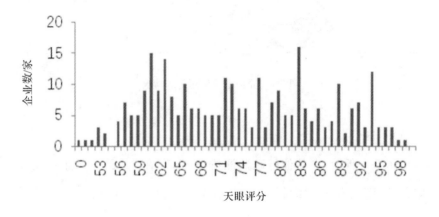

图 7-9　养护企业天眼评分情况

(2)新闻舆情

图 7-10 收集的样本数据中共有 154 家企业未有新闻舆情记载,占比 53％。另外有 138 家企业存在新闻舆情的记载,占比 47％,其中有 39 家企业只存在 1 条新闻舆情,而有 1 家企业则存在 2937 条新闻舆情纪录。

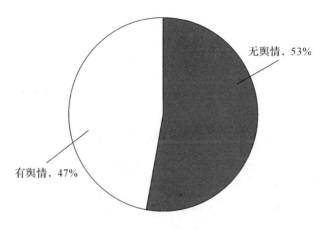

图 7-10　有无舆情

（3）情绪评分

去掉新闻舆情为 0 的企业，本项目收集到情绪评分小于 0.5（情绪为负向）的企业共 18 家，占 6.16％；情绪评分为 0.5～0.6（情绪为中性）的企业有 5 家，占 1.71％；情绪评分大于 0.6（情绪为积极）的企业共有 115家，占 39.38％。

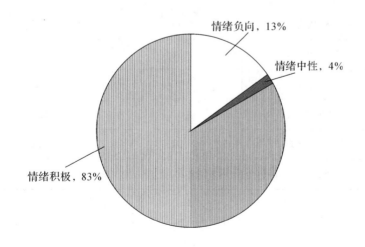

181

二、招投标企业信用能力监测指数分析

1.参与园林招投标企业的基本情况分析

根据 HZ 市园林文物局园林招投标企业的诚信综合评价系统统计数据,截至 2019 年第 3 季度,共计有 291 家企业参与园林招投标项目。从规模分类统计来看,集团型企业 24 家,超大规模型企业 19 家,规模型企业 36 家,中等规模型企业 127 家,小型规模企业 61 家,小微或初创型企业 24 家。其中,中等规模企业占比最高,达 43.6%,见表 7-4。

表 7-4　参与园林招投标企业规模分类情况

企业分类	数量/家	百分比/%
集团型	24	8.2
超大规模型	19	6.5
规模型	36	12.4
中等规模型	127	43.6
小型规模	61	21.0
小微或初创型	24	8.2
合计	291	100

2.不同规模园林招投标企业信用综合能力指数分析

从不同规模园林招投标企业信用综合能力指数测算结果来看,集团型企业信用综合能力指数测算结果为 66.34 分,超大规模型企业信用综合能力指数为 64.65 分,规模型企业信用综合能力指数为 62.77 分,中等规模型企业信用综合能力指数为 61.09 分,小型规模企业信用综合能力指数为 54.72 分,小微或初创型企业信用综合能力指数为 47.54 分,详见图 7-11。从测算结果来看,规模对信用综合能力有显著的影响,规模较大的企业,整体信用能力较强;规模较小的企业,整体信用能力较弱;小微或初创型企业,信用能力整体偏弱。

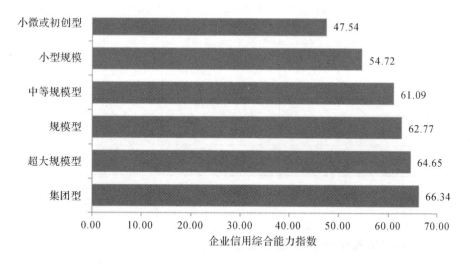

图 7-11 不同规模园林招投标企业信用综合能力指数

3.园林招投标企业信用能力维度指数分析

从维度指数测算结果(见表7-5)来看,291家企业的信用素质维度指数得分为5.10分(满分10分),项目管理维度指数得分为11.12分(满分22分),保障能力维度指数得分为5.70分(满分17分),营运能力维度指数得分为20.71分(满分31分),诚信行为维度指数得分为16.89分(满分20分)。企业信用综合能力总指数得分为59.51分(满分100分)。其中,参与园林招投标企业保障能力维度整体偏弱。

表 7-5　参与园林招投标企业各维度指数统计结果　　　　单位:分

统计指标	企业素质	项目管理	保障能力	营运能力	诚信行为	信用综合能力
满分	10	22	17	31	20	100
均值	5.10	11.12	5.70	20.71	16.89	59.51
标准差	1.59	2.94	2.76	3.43	1.52	8.79
极小值	1.20	5.20		10.57	12.90	34.69
极大值	8.62	20.04	15.61	29.17	19.04	89.14

4.园林招投标企业信用等级分布

从291家企业的信用等级评估结果(见表7-6)来看,信用等级最高的企业为AA级,共有4家,A级企业30家,BBB级企业111家,BB级企业

65家,B级企业43家,CCC级企业25家,CC级企业9家,C级企业4家。总体看,BBB和BB级企业占比最高,分别为38.1%和22.3%,占总数的60.4%。CCC级及以下企业有38家,存在较高的履约能力风险。

表7-6 参与园林招投标企业信用等级分布

信用等级	企业数量/家	百分比/%
AA(80～89分)	4	1.4
A(70～79分)	30	10.3
BBB(60～69分)	111	38.1
BB(55～59分)	65	22.3
B(50～54分)	43	14.8
CCC(45～49分)	25	8.6
CC(40～44分)	9	3.1
C(30～39分)	4	1.4
合计	291	100

5.不同规模企业信用等级分布

从不同规模企业信用等级分布情况(见表7-7)来看,集团型企业和超大规模型企业整体信用综合能力较高,24家集团型企业中,AA级企业1家,A级企业6家,BBB级企业12家,BB级企业5家;19家超大规模型企业中,AA级企业1家,BBB级企业14家,BB级企业3家,B级企业

1家。36家规模型企业中,AA级企业2家,A级企业8家,BBB级企业11家,BB级企业6家,B级企业8家,CCC级企业1家。127家中等规模型企业中,最高信用等级为A级,共有14家,B级以上企业119家,CCC级以下企业8家。61家小型规模企业中,A级企业两家,B级以上企业47家,CCC级以下企业14家。24家小微或初创型企业的最高信用等级为BBB级,B级以上共有9家,CCC级以下有15家。

表7-7 不同规模企业信用等级分布情况

企业规模	信用等级	企业数量/家	百分比/%
集团型	AA	1	4.2
	A	6	25
	BBB	12	50
	BB	5	20.8
	合计	24	100
超大规模型	AA	1	5.3
	BBB	14	73.7
	BB	3	15.8
	B	1	5.3
	合计	19	100

企业规模	信用等级	企业数量/家	百分比/%
规模型	AA	2	5.6
	A	8	22.2
	BBB	11	30.6
	BB	6	16.7
	B	8	22.2
	CCC	1	2.8
	合计	36	100
中等规模型	A	14	11.0
	BBB	63	49.6
	BB	30	23.6
	B	12	9.4
	CCC	6	4.7
	CC	1	0.8
	C	1	0.8
	合计	127	100
小型规模	A	2	3.3
	BBB	9	14.8
	BB	19	31.1
	B	17	27.9
	CCC	12	19.7
	CC	2	3.3
	合计	61	100

续表

企业规模	信用等级	企业数量/家	百分比/%
	BBB	2	8.3
	BB	2	8.3
	B	5	20.8
小微或初创型	CCC	6	25
	CC	6	25
	C	3	12.5
	合计	24	100

三、招投标企业风险预警监测指数分析

1. 风险预警监测整体分析

此次园林招投标企业信用风险预警重点监测的范围分为四大类风险：司法风险、运营风险、债务风险和舆情风险。其中，司法风险重点监测风险点包括企业严重违法信息、破产信息、立案信息、司法拍卖信息、被执行人信息、黑名单、法院公告、法律诉讼、开庭公告、送达公告、失信惩戒、限制消费、失信信息；运营风险重点监测风险点包括企业经营异常、责令关停、高管风险、关联企业风险、行政处罚和变更信息（股权、股东）、清算信息；债务风险重点监测的风险点包括资不抵债、股权冻结、动产抵押、土地抵押、股权出质、产权出资;舆情风险重点监测的风险点包括负面新闻舆情(企业或高管被高层点名批评、被官方媒体报道)、负面新闻舆情(企业引发群体性事件,被媒体广泛关注)、负面新闻舆情(监管处罚类,如欠税、税收违法、环保处罚、欠薪等被媒体报道)、负面新闻舆情(企业或高管不良行为、不诚信行为、违背公序良俗行为被媒体关注)。全部风险点按照对企业的影响程度分为四个等级,分别为直接预警类、重点关注类、可疑类和一般关注类。采用灯号预警方式,直接预警类企业亮红色信号灯,重点关注类企业亮橙色信号灯,可疑类企业亮黄色信号灯,一般关注类企业亮蓝色信号灯。

从291家被监测目标企业的风险点统计结果(见表7-8)分析来看(风险点数据来自HZ市公共信用信息数据库、HZ市园林文物局、第三方大数据公司等),监测到风险点共计42508个,平均每家企业146个,中位数24个,最少的企业0个,最多的企业有13691个,标准偏差865个。其中规模较大的企业风险点数量远远超过规模较小的企业,但这并不能表示大型企业的风险比小型企业的大,因为还需要考虑企业自身抗风险的能力,以及每个风险点的危害等级。

表 7-8　291 家目标企业监测风险点整体情况

统计指标	风险点/个
合计	42508
平均数	146

续表

统计指标	风险点/个
中位数	24
标准偏差	865
最小值	0
最大值	13691

2.不同规模企业风险预警监测分析

从不同规模企业风险预警监测结果(见表 7-9)来看,24 家集团型企业平均监测的风险点 986 个,中位数 225 个;超大规模型企业平均监测的风险点 166 个,中位数 139 个;规模型企业平均监测的风险点 128 个,中位数 62 个;中等规模型企业平均监测的风险点 93 个,中位数 36 个;小型规模企业平均监测的风险点 11 个,中位数 7 个;小微或初创型企业平均监测的风险点 30 个,中位数 2 个。

从监测结果来看,规模较大的企业监测到的风险点整体上较多,这与大型企业活动范围、业务种类、经营历史等有直接关系。但有意思的一点是,小微或初创型企业监测到的风险点明显高于小型企业,这表明此类企业的风险整体风险较高,属于风险高发的类型,因此,建议在招投标过程中对此类企业予以重点监测和关注。

表 7-9　不同规模企业风险点监测预警分析

企业规模	统计指标	风险点/个
集团型	企业数量	24
	平均数	986
	中位数	225
	标准偏差	2850
	最小值	46
	最大值	13691
超大规模型	企业数量	19
	平均数	166
	中位数	139
	标准偏差	154
	最小值	10
	最大值	633
规模型	企业数量	35
	平均数	128
	中位数	62
	标准偏差	148
	最小值	0
	最大值	662

续表

企业规模	统计指标	风险点/个
中等规模型	企业数量	106
	平均数	93
	中位数	36
	标准偏差	304
	最小值	1
	最大值	2922
小型规模	企业数量	30
	平均数	11
	中位数	7
	标准偏差	10
	最小值	0
	最大值	41
小微或初创型	企业数量	15
	平均数	30
	中位数	2
	标准偏差	104
	最小值	0
	最大值	407

3.监测风险点类型分析

从监测风险点的类型分析(见表7-10)来看,与企业自身直接相关的风险点共计9063个,最大699个,最小0个,平均35个,中位数12个,标准偏差74个;与企业间接相关的风险(主要是关联企业、关联股东相应的风险)共计26041个,最大13426个,最小0个,平均113个,中位数3个(中位数仅有3个,这表明一半以上企业的周边风险点少于3个),标准偏差935个(表明周边风险在企业间离散度很高)。因为关联风险一般出现在集团型企业或存在分支机构的大型企业中,股权结构较为单一和中小微型企业的关联风险一般较少,因此,建议大型企业尤其是集团型企业在风险监测过程中格外注意对其关联度风险的监测。

从预警提醒类风险的统计结果来看,291家企业预警提醒类风险监测点总计7404个,平均26个,中位数10个,最大值433个,最小值0个,标准偏差45个。预警提醒类风险点属于对企业存在实质性影响的风险点,这类风险点主要包括了4类预警等级中的直接预警类、重点关注类、可疑类,没有包括一般关注类风险。

表 7-10　监测风险点类型分析

统计指标	自身风险点/个	周边风险点/个	预警提醒类风险点/个
平均数	35	113	26
中位数	12	3	10

续表

统计指标	自身风险点/个	周边风险点/个	预警提醒类风险点/个
标准偏差	74	935	45
最小值	0	0	0
最大值	699	13426	433
总计	9063	26041	7404

4.预警类企业及预警原因分析

从291家参与园林招投标企业风险预警综合监测结果(见表7-11)分析来看,有9家企业被预警,其中,5家企业因经营异常被预警,3家企业因有立案信息被预警,1家企业因综合风险积点偏高被预警。

表 7-11 预警类(红色信号灯)企业及原因

预警类企业数量/家	预警理由
5	经营异常
3	立案信息
1	综合风险积点偏高

5.重点关注类企业及预警原因分析

从291家参与园林招投标企业风险预警综合监测结果(见表7-12)分

析来看,有10家企业有重点关注类企业预警,预警依据主要为存在失信信息和被执行人信息。

表 7-12 重点关注类(橙色信号灯)企业及原因

重点关注类企业数量/家	预警理由
10	存在失信信息 存在被执行人信息

第四节 监测结果

经综合分析,得出信用综合能力评分排名前 20 和后 20 的企业,见表 7-13。

表 7-13 信用综合能力评分排名前 20 和后 20 的企业

编号	组织机构代码	统一社会信用代码	企业素质	项目管理	保障能力	营运能力	信用能力	诚信行为	信用综合能力评分	信用等级
1	24＊＊＊003-7	913＊＊＊＊＊7245280000	7.45	19.27	15.61	28.32	70.66	18.48	89.13	AA
2	14＊＊＊516-X	913＊＊＊＊＊14306516XP	7.43	16.95	13.84	29.17	67.39	17.78	85.17	AA
3	25＊＊＊223-5	913＊＊＊＊＊2561522000	7.77	17.01	10.2	28.53	63.51	19.04	82.55	AA

续表

编号	组织机构代码	统一社会信用代码	企业素质	项目管理	保障能力	营运能力	信用能力	诚信行为	信用综合能力评分	信用等级
4	75＊＊＊754-X	913＊＊＊＊＊75724754XH	7.54	18.31	12.12	22.9	60.86	18.31	79.17	AA
5	71＊＊＊016-0	913＊＊＊＊＊710940160G	7.73	20.01	9.62	22.89	60.25	18.29	78.53	A
6	72＊＊＊119-4	913＊＊＊＊＊7210211000	5.8	20.04	9.65	23.45	58.94	18.12	77.06	A
7	73＊＊＊977-5	913＊＊＊＊＊739949775C	5.85	18.1	9.61	25.31	58.87	18.05	76.93	A
8	74＊＊＊856-0	913＊＊＊＊＊741008560M	7.22	16.29	8.23	26.98	58.72	18.02	76.75	A
9	73＊＊＊340-6	913＊＊＊＊＊738443406T	6.25	16.2	9.67	26.06	58.17	18.21	76.38	A
10	75＊＊＊717-9	913＊＊＊＊＊759517179W	7.64	18.14	7.3	24.03	57.11	18.44	75.55	A
11	75＊＊＊272-6	913＊＊＊＊＊751742726L	5.1	16.9	9.36	25.53	56.89	18.16	75.05	A
12	70＊＊＊136-4	913＊＊＊＊＊704501364U	7.68	17.71	8.51	22.89	56.79	18.2	74.99	A
13	74＊＊＊253-7	913＊＊＊＊＊742012537T	6.99	16.27	6.57	26.56	56.39	18.16	74.55	A
14	72＊＊＊871-5	913＊＊＊＊＊720048715X	8	14.83	8.85	23.21	54.89	18.58	73.47	A
15	76＊＊＊264-0	913＊＊＊＊＊765472640B	5.82	11.17	9.45	28.17	54.61	18.03	72.64	A
16	71＊＊＊018-1	913＊＊＊＊＊7176301000	7.77	14.71	5.18	26.8	54.46	18.02	72.48	A

续表

编号	组织机构代码	统一社会信用代码	企业素质	项目管理	保障能力	营运能力	信用能力	诚信行为	信用综合能力评分	信用等级
17	72＊＊＊417-0	913＊＊＊＊721014170N	5.26	15.75	7.72	25.28	54.01	18.12	72.13	A
18	72＊＊＊621-8	913＊＊＊＊7210062000	7.18	12.88	4.92	28.83	53.8	18.02	71.82	A
19	74＊＊＊201-6	913＊＊＊＊747162016Y	7.43	15.44	10.45	20.77	54.08	17.43	71.51	A
20	71＊＊＊813-8	913＊＊＊＊712548138M	8.13	12.92	9.17	22.89	53.11	18.04	71.15	A
⋮	⋮	⋮	⋮	⋮	⋮	⋮	⋮	⋮	⋮	⋮
273	34＊＊＊400-5	913＊＊＊＊341794005L	1.9	9.21	1.85	17.51	30.46	15.73	46.19	CCC
274	91＊＊＊106-4	913＊＊＊＊39934084XE	3.4	7.2	0.9	20.62	32.12	14.06	46.19	CCC
275	67＊＊＊461-3	913＊＊＊＊670624613K	3.8	8.26	2.05	17.67	31.79	14.08	45.87	CCC
276	14＊＊＊115-5	913＊＊＊＊1432111000	2.8	7.83	4.02	16.81	31.46	14.19	45.65	CCC
277	66＊＊＊441-8	913＊＊＊＊662324418T	1.55	7.2	2.49	19.76	30.99	14.18	45.17	CCC
278	09＊＊＊453-7	913＊＊＊＊099274537F	2.15	9.4	0.2	16.89	28.64	16.1	44.73	CCC
279	74＊＊＊491-4	913＊＊＊＊747174914C	2.55	6.76	2.93	17.61	29.85	14.02	43.87	CC
280	MA＊＊＊PLE-1	913＊＊＊＊MA2AYPLE1P	1.82	10.8	0.02	16.5	29.14	13.8	42.94	CC

续表

编号	组织机构代码	统一社会信用代码	企业素质	项目管理	保障能力	营运能力	信用能力	诚信行为	信用综合能力评分	信用等级
281	59＊＊＊798-1	913＊＊＊＊＊5995979000	2.85	7.94	1	15.85	27.64	15.16	42.8	CC
282	55＊＊＊449-1	913＊＊＊＊＊5526544000	2.85	9.4	1.6	14.51	28.36	14.2	42.55	CC
283	MA＊＊＊DHQ-9	913＊＊＊＊＊MA28LDHQ95	4.62	7.41	3.53	13.53	29.09	13.29	42.38	CC
284	32＊＊＊691-3	913＊＊＊＊＊3281369000	4.02	9.2	2.04	11.98	27.25	13.97	41.22	CC
285	57＊＊＊605-4	913＊＊＊＊＊571496054D	2.72	7.2	0.76	15.62	26.31	13.9	40.21	CC
286	MA＊＊＊URG-5	913＊＊＊＊＊MA2B0URG5M	1.75	8.02	2.57	14.5	26.83	12.9	39.73	CC
287	57＊＊＊909-3	913＊＊＊＊＊571459093N	1.85	8.2	2.7	12.86	25.61	14.11	39.72	CC
288	73＊＊＊475-4	913＊＊＊＊＊739924754U	4.56	7.11	2.68	10.6	24.95	14.19	39.14	C
289	55＊＊＊2475-5	913＊＊＊＊＊552662475C	3.6	5.2	0.9	15.5	25.2	12.91	38.11	C
290	32＊＊＊085-5	913＊＊＊＊＊328250855Q	2.53	6.86	3.17	10.57	23.12	14.07	37.19	C
291	MA＊＊＊R0D-5	913＊＊＊＊＊MA2AYR0D50	1.2	7.12	0	12.5	20.82	13.87	34.69	C

第五节　风险预警测评结果

1.信用风险预警类企业名单

经综合分析,列出预警类企业名单(见表7-14)。

表 7-14　信用风险预警类企业名单

编号	组织机构代码	统一社会信用代码	预警理由
1	74＊＊＊491-4	913＊＊＊＊＊747174914C	存在2条经营异常风险
2	59＊＊＊063-0	913＊＊＊＊＊599550630D	存在1条经营异常风险
3	79＊＊＊242-6	913＊＊＊＊＊799662426E	存在1条经营异常风险
4	06＊＊＊231-6	913＊＊＊＊＊063952316H	存在1条经营异常风险
5	75＊＊＊391-X	913＊＊＊＊＊75441391XR	存在1条经营异常风险
6	73＊＊＊890-X	913＊＊＊＊＊73381890XY	存在1条立案信息
7	70＊＊＊356-X	913＊＊＊＊＊70420356XK	存在1条立案信息
8	71＊＊＊351-1	913＊＊＊＊＊717603511K	存在1条立案信息
9	72＊＊＊387-8	913＊＊＊＊＊721023878P	综合风险积点高,存在13条历史被执行人信息、4条法律诉讼、2条开庭公告

2.信用风险重点关注类企业名单

经综合分析,列出重点关注类企业名单(见表 7-15)。

表 7-15　信用风险重点关注类企业名单

编号	组织机构代码	统一社会信用代码	预警理由
1	14＊＊＊574-0	913＊＊＊＊1429157403	存在 18 条失信信息和 13 条被执行人信息
2	71＊＊＊487-5	913＊＊＊＊710964875H	存在 7 条失信信息和 3 条被执行人信息
3	74＊＊＊339-4	913＊＊＊＊7494533946	存在 5 条失信信息和 7 条被执行人信息
4	14＊＊＊756-9	913＊＊＊＊1431075693	存在 1 条失信信息和 1 条被执行人信息
5	72＊＊＊811-4	913＊＊＊＊720098114A	存在 1 条失信信息
6	73＊＊＊746-5	913＊＊＊＊739227465R	存在 3 条被执行人信息
7	73＊＊＊284-X	913＊＊＊＊73779284X4	存在 2 条被执行人信息
8	74＊＊＊231-2	913＊＊＊＊749482312E	存在 2 条被执行人信息
9	72＊＊＊075-X	913＊＊＊＊72589075X1	存在 1 条被执行人信息
10	71＊＊＊067-X	913＊＊＊＊71252067XQ	存在 1 条被执行人信息

第八章 公共信用信息环境下的企业内部信用价值评测研究

市场经济的本质就是信用经济,企业作为市场经济的主体,企业信用就显得非常重要。无论是在市场交易中识别对手的信用价值与风险,还是提高政府精细化监管水平,抑或是提升企业自身管理能力,企业的信用评价都是十分重要的手段和工具。在当今大数据时代背景下,越来越多的公共信用信息被挖掘和共享,如何更好地利用公共信用信息评价企业的信用价值,是一个值得深入探讨的问题。

第一节 公共信用信息环境下的企业信用价值评价体系的构建

一、理论分析

市场经济本质上是以契约为基础的信用经济。马克思(1998)将信用定义为经济上的一种借贷关系,是以偿还为条件的价值单方面让渡。信用的这一定义从社会关系来看是一种有条件的信任,从经济关系来看是一种价值运动,是偿还条件下意愿与能力的综合体现。休谟(1997)、富兰克林(1997)等经济学家基于资产的履约能力与心理信任,极大地拓展了信用的广度和深度。随着经济理论的不断发展,信用的内涵在不断延展,但是市场经济条件下的信用本质依然是基于契约的履约能力与履约意愿。

招投标本是一个履行契约的经济行为,从业务流程来看招投标具有排他性,一旦中标,即将其他竞争者排除在外,履约的意愿就显得格外重要。从业务的目的来看招投标具有利益最大化的特性,在现有的条件下通过招投标行为来匹配最具能力的企业,即履约的能力。因此在招投标领域企业的信用集中表现在履约意愿和履约能力两个方面。首先,二者都是企业信用不可分割的组成部分。履约的意愿是企业信用的内涵,表现为企业的诚信度,属于道德的范畴。反映在市场经济活动中,是企业遵章守纪和合法合规生产经营的基本意愿,既是企业赖以生存的基础,也是市场秩序的基本规则。履约能力是企业信用的外延,表现为企业的业务能力、经济实力及内部管理水平。其次,二者相互支撑、相互联系。企业的履约意愿即诚信度,是企业在市场经济中生存与发展的基础,良好的诚信度容易获取市场的信任,从而有助于企业业务的拓展和履约能力的提升。而企业在发展壮大过程中提高履约能力的同时,更需要通过企业诚信度来获取社会信任资本,这也是一个企业应该履行的社会责任。

二、设计思路

根据上述理论分析,将招投标领域企业信用评测体系设计为"履约意愿(诚信度)+履约能力"的双模块体系,考虑如下。

第一,从信用理论的角度分析,履约意愿和履约能力都是企业信用不可分割的组成部分。履约意愿即企业诚信度,反映了企业在市场交易中守信意愿,揭示了发生主观违约的可能性。履约能力则侧重于反映企业在市场经济环境中的内部管理水平、业务能力和经济实力,集中体现了企业履行合同约定的能力和水平。因此,二者综合反映了企业的信用水平。

第二,从应用的角度分析,通过对履约意愿(诚信度)和履约能力的企业信用分析测度,更有实践的价值。履约意愿即企业诚信度的评价,量化了企业在市场环境中主观守信和自我约束的意愿,有助于企业精准发现问题以加强内部管理,同时也为政府管理部门在市场准入、业务管理、预警等业务监管中提供必要可靠的依据。履约能力的评价可以让市场交易双方清晰地识别交易对手的业务能力和经济实力,让市场资源得到合理的配置。

第三,从企业发展的角度分析,诚信度是企业的基本素质和承担社会责任的具体表现,也是企业长期发展中追求的目标,与企业的履约能力有着高度的关联性。企业在发展过程中需要不断提升履约能力并内化为诚信度,这是企业信用价值的真实体现。因此,本书利用投入产出模型来分析履约能力对企业诚信度的影响,也是用崭新的视角探究企业内部信用管理。

基于此,本研究构建"诚信度＋履约能力"的企业信用双模块评测体系有一定的现实意义和创新价值。

三、指标体系及模型分析

(一)"诚信度＋履约能力"双模块企业信用评测指标体系的构建

1.企业诚信度的评价指标体系

企业诚信度反映了主体在市场经济活动中遵章守纪及合规经营的主观意愿,因此评价指标体系的构建更多的是利用企业在生产经营中的行为数据和政府部门的监管信息来判断守信的可能性。招投标领域企业生产经营行为数据包含了企业在参与招投标全流程(事前、事中和事后)环节的业务信息,政府监管信息包含市场监督管理局、税务局、环保局等多个政府部门的监管数据以及法院的审判信息等。

2.企业履约能力的指标体系

履约能力属于经济学的范畴,反映了企业在市场交易中履行合同的能力和经济实力,也是企业信用在招投标业务活动中的重要表现,本书围绕企业的业务运营以及项目管理水平构建履约能力指标体系。

（二）"诚信度＋履约能力"双模块企业信用评测体系的模型分析

1.企业诚信度评测的模型分析

（1）全局敏感度赋权的方法适用性分析

全局敏感度主要用来全面反映输入变量的不确定性对输出响应变量的影响程度。企业诚信度评价体系选择全局敏感度赋权法,是基于评价指标体系和样本单位实际情况而考虑的:一是企业诚信度评价体系中指标较多且各个指标的相对重要程度很难准确度量;二是样本企业数量过大,如果采用常规的客观赋权法,权重通常会受到样本量大小的影响,从而使评价结果出现逆序(增减样本使得评价结果反转)的不合理现象。因此选择全局敏感度赋权,通过度量各个指标对评价结果的影响来确定指标权重,可以很好地解决逆序问题。

（2）全局敏感度赋权的理论模型

①将指标权重都作为输入变量,使得每个评价对象都构成一个线性函数。

对于权重指标 ω_{ij} 有两个假定:假定 1: ω_{ij} 是独立随机变量;假定 2: ω_{ij} 服从均匀分布,取值范围是 $[0,1]$。

② 得到模型第 i 个函数评价结果的方差为

$$V_i(y_i) = \int_{K^*} (f_i(\omega_i) - E(y_i))^2 \prod_{j=1}^{n} p_{ij}(\omega_i) d\omega_i$$

$$= \int_{K^n} \sum_{j=1}^{n} c_{ij}^2 \left(\omega_{ij} - \frac{1}{2} \right)^2 +$$

$$\sum_{j=1}^{n} \sum_{k<j}^{n} c_{ij} c_{jk} \left(\omega_{ij} - \frac{1}{2} \right) \left(\omega_{jk} - \frac{1}{2} \right) d\omega_i$$

$$= \sum_{j=1}^{n} \frac{c_{ij}^2}{12}$$

模型第 i 个函数为

$$f_i(x) = \sum_{j=1}^{n} c_{ij} \omega_{ij} = f_{i0} + \sum_{j=1}^{n} c_{ij} \left(\omega_{ij} - \frac{1}{2} \right)$$

③ 计算第 i 个评价对象,第 j 个指标权重的敏感度:

$$S_{ij}^T = S_{ij} = \frac{c_{ij}^2}{\sum_{j=1}^{n} c_{ij}^2}$$

④ 计算第 j 个指标权重的全局敏感度,即

$$S_j^T = \sum_{i=1}^{m} S_{ij}^T = \sum_{i=1}^{m} \frac{c_{ij}^2}{\sum_{j=1}^{n} c_{ij}^2}$$

⑤ 计算指标指标权重值,即

$$\omega_j = \frac{S_j^T}{\sum_{j=1}^{n} S_j^T}$$

2.企业信用的投入产出模型

(1)企业信用投入产出的指标选择

企业信用在市场经济环境中集中体现为履约意愿和履约能力。诚信度反映了企业品牌与形象,既是企业的社会责任,也是企业长期追求

的目标,从宏观层面直接影响营商环境和经济秩序,因此将诚信度作为企业信用的产出指标。企业的履约能力是经济层面的范畴,体现了企业信用的外延。履约能力是企业在经济活动中履行合同的业务能力和经济实力,是企业诚信度提升的重要经济保障,长期而言与诚信度具有一致性和依存性。根据表 2 所示将反映企业履约能力目标层指标的企业素质、项目管理、保障能力和运营能力等作为企业信用的投入指标。

(2)企业信用投入产出的模型分析

1978 年,美国运筹学家查恩斯(Charnes)、库玻(Copper)和罗兹(Rhodes)以相对效率概念建立了数据包络分析法(DEA)。本研究在对企业信用的投入产出情况进行分析时,所建立的模型就是以数据包络法 CCR 模型为基础的。为了避免锥性条件,增添了一个凸性假设条件: $\sum_{j=1}^{n} \lambda_j = 1$,建立规模报酬可变的模型。这时的可能集 T 可描述为:

$$T_{BCC} = \left\{ (x,y) \,\middle|\, x \geqslant \sum_{j=1}^{n} \lambda_j x_j, \sum_{j=1}^{n} \lambda_j = 1, j = 1,2,\cdots,n \right\}$$

这样就建立了基于生产可能集 T_{BCC} 下的 DEA 模型,即

$$\begin{cases} \min \theta = V_{D_z} \\ \text{s.} t. \sum_{j=1}^{n} X_j \lambda_j \leqslant \theta X_0 \\ \sum_{j=1}^{n} Y_j \lambda_j \geqslant Y_0 \\ \sum_{j=1}^{n} \lambda_j = 1 \end{cases}$$

该模型表示若纯技术效率和规模效率两者均为1,就意味着 DEA 有效;若两者中只有一方的值为1,说明实现了弱 DEA 有效;若均不为1,则说明非 DEA 有效。

(3)DEA 对于企业信用投入产出的模型方法适用性分析

DEA 法非常适合处理多变量海量数据,在分析企业信用投入产出方面有着其他传统方法无法比拟的优势,具体来说优势有三:一是 DEA 模型不需要事先假设指标权重,样本的实际数据会自动给出各变量的最优权重,具有很强的客观性,可以避免主观因素对结果的影响;二是 DEA 模型适用于多因素投入产出效率的评价,尤其是企业信用影响因素较复杂时,投入与产出指标之间并不是绝对独立的,可能存在某种内在联系,但是 DEA 模型不必考虑投入与产出指标的相互影响就可以进行计算;三是在进行企业的信用等级评价及信用因素分析中,相较于其他模型中的变量多为综合性变量,DEA 模型将投入和产出变量指标分离开来,不仅给出效率评价结果来反映资源的利用情况,从而深入分析企业内部信用管理情况,而且也可以从某种程度上反映变量之间的相关性。

第二节　公共信用信息环境下的企业信用价值的实证分析

一、公共信用信息环境下的企业诚信度评测

(一)指标权重的确定

根据全局敏感度赋权的理论模型,将评价指标的权重作为输入变量,于是得到第一个企业构成的线性函数

$$y_1 = 0.087611\omega_1 + 0.000012\omega_2 + \cdots + 0.979592\omega_{31}$$

同理可得其他企业的线性函数,进而计算出第一个企业的第一个指标权重的敏感度为 0.000721,以及第一个企业的其他指标权重的敏感度,于是得到了各个企业所有指标权重的敏感度。将某个评价指标在所有企业表现出的敏感度加总就是该指标权重的全局敏感度,最后通过归一化处理就得到各个评价指标权重,计算结果见表 8-1。

表 8-1　企业诚信度评价指标全局敏感度及权重

评价指标	指标权重全局敏感度	权重	评价指标	指标权重全局敏感度	权重
X1	0.579	0.0019	X17	26.079	0.0893

续表

评价指标	指标权重全局敏感度	权重	评价指标	指标权重全局敏感度	权重
X2	0.075	0.0003	X18	26.003	0.0891
X3	0.103	0.0004	X19	26.089	0.0894
X4	0.729	0.0025	X20	26.319	0.0901
X5	1.124	0.0038	X21	26.224	0.0899
X6	1.156	0.0040	X22	26.043	0.0892
X7	0.242	0.0008	X23	25.477	0.0873
X8	0.312	0.0011	X24	0.361	0.0012
X9	0.324	0.0011	X25	25.915	0.0887
X10	11.821	0.0405	X26	0.310	0.0011
X11	2.137	0.0073	X27	0.189	0.0006
X12	1.649	0.0056	X28	0.153	0.0005
X13	14.453	0.0495	X29	11.949	0.0409
X14	0.175	0.0069	X30	0.098	0.0003
X15	2.016	0.0887	X31	8.008	0.0274
X16	25.868	0.0006			

（二）企业诚信度分析

根据"诚信度＝评价值×100"，可以计算得出292家样本企业的诚信度综合评价值，表8-2为诚信度排名前5和排名后5的企业。

表 8-2　企业诚信度的得分及排名

企业	评价值	得分	排名
杭州市××绿化股份有限公司	0.962	96.20	1
××环境建设集团有限公司	0.9594	95.94	2
××建设集团有限公司	0.9578	95.78	3
浙江××园林股份有限公司	0.9553	95.53	4
浙江××建设工程有限公司	0.9545	95.45	5
⋮	⋮	⋮	⋮
杭州××绿化工程有限公司	0.8030	80.30	288
××建筑设一所	0.7910	79.10	289
杭州××市政园林建设股份有限公司	0.7789	77.89	290
浙江××园林绿化工程有限公司	0.7606	76.06	291
杭州××建设集团有限公司	0.6948	69.48	292

注：评价值为某企业在各个指标的全局敏感度的合计值。

根据表 8-2,企业之间的诚信度存在较大的差异,适合对企业按照诚信度进行聚类分析,以利于在实践中推进实施分级监管。

(三)企业诚信度的聚类

1.聚类方法的选择

由于企业诚信表现具有模糊性、复杂性和多样性的特征,如果选择优化目标函数硬聚类算法,虽然能够清晰地对事物进行划分,但不允许模棱两可结果的出现,这与企业诚信表现特征不相符。而基于混合高斯模型的软聚类算法是一个较好的选择,其优点在于诚信度投影后的样本点不是一个确定的分类标记,而是每一分类的概率,从而可利用概率大小进行分类。高斯混合模型聚类的结果只是表明了某企业归属于某个类别的可能性,因此还需要结合企业诚信度的得分来进一步分析。

2.聚类的结果及分析

对 292 家样本企业依据准则层指标,形成样本集进行聚类。但是无监督学习聚类中会存在没被观测到的隐变量,因此采用期望最大化算法来确定这些变量的最佳值,然后找到模型参数。具体聚类结果详见表 8-3。

表 8-3 高斯混合模型聚类结果

	类别								
	1	2	3	4	5	6	7	8	9
企业数量/家	21	23	32	13	80	15	70	31	7

①表 8-3 的结果表明,根据高斯混合模型将 292 家样本企业按诚信度分为了 9 个类别,可以将第 9 类中的 7 家企业认定为诚信未达标。在实际应用中政府监管部门把诚信未达标类别的企业列为市场禁入,因此本研究在进一步研究中将这 7 家企业予以剔除。

②将高斯混合模型聚类结果与企业诚信度得分结合分析,发现第 9 类的 7 家企业也是诚信度得分最低的,这也进一步证明了高斯混合模型在企业诚信度聚类时的可靠性,具体结果如表 8-4 所示。

表 8-4 第 9 类企业诚信度得分

企业	得分
浙江××建设有限公司	82.04
杭州××建设工程有限公司	81.07
杭州××园林绿化工程有限公司	80.30
××建筑设一所	79.10
杭州××市政园林建设股份有限公司	77.89
浙江××园林绿化工程有限公司	76.06
杭州××建设集团有限公司	69.48

③就高斯混合模型聚类方法而言,聚类的结果可能会存在偏误,其原因是高斯混合模型是软聚类方法,企业所属类别是按照最有可能的概率得到的。由于测算企业诚信度得分时,对准则指标赋予权重来计算加权值,因此各类别中可能会有少数企业存在诚信度与聚类结果不一致的情况。

二、基于投入与产出方法的企业信用价值分析

(一)样本选取的说明和数据来源

本研究共有 292 家企业作为样本对象,由于在企业诚信度的聚类分析中有 7 家企业处于第 9 类别,即诚信不达标类别,因此在企业信用的投入产出分析中,剔除了这 7 家诚信不达标的企业,以剩余的 285 家企业为新的分析样本。在具体分析中,由于投入指标较多、指标间的计量单位不统一以及 DEA 方法对选取指标单位较敏感等原因,先用主成分分析法构建同一投入指标下各变量的权重,以缩小指标间的差别,结果见表 8-5。

表 8-5　企业输入、输出指标数据

企业	产出	投入			
	企业诚信度	运营能力	企业素质	保障能力	项目管理
	Y1	Z1	Z2	Z3	Z4
宁波××市政园林建设有限公司	0.859	0.722	1.422	0.412	0.1
杭州××建设有限公司	0.899	0.111	0.414	0.178	0.1
浙江××建设有限公司	0.915	0.346	1.044	0.272	0.1
杭州××园林集团有限公司	0.923	3.056	1.621	1.586	0.203
杭州××市政工程有限公司	0.851	2.416	1.594	1.664	0.1
⋮	⋮	⋮	⋮	⋮	⋮

(二)模型应用及结果

由于 DEA 模型要求各项指标为正值,而在最终计算的投入指标数值中却存在 0 值。因此需要对数据进行归一化处理,使全部的数据在正值范围内分布。采用 DEAP Version 2.1 软件运算,得到 285 家样本企业的综合效率、纯技术效率和规模效率,详见表 8-6。

表 8-6　企业综合效率、纯技术效率和规模效率

企业	综合效率	纯技术效率	规模效率
宁波××市政园林建设有限公司	0.356	1	0.356
杭州××建设有限公司	0.689	1	0.689
浙江××建设有限公司	0.741	1	0.741
杭州××园林集团有限公司	0.681	0.775	0.879
杭州××市政工程有限公司	0.296	1	0.296
⋮	⋮	⋮	⋮

1.综合效率分析

综合效率是反映企业在有限的资源条件下调动技术、管理、规模等资源达到最优状态以获取最大投入产出的一个重要指标。对样本企业综合效率的分析见表 8-7。

表 8-7　企业综合效率情况

	综合效率				
	1	0.8～1	0.5～0.8	0.2～0.5	0～0.2
评价	好	较好	一般	较差	差
企业数量/家	5	43	132	93	12

续表

	综合效率				
	1	0.8~1	0.5~0.8	0.2~0.5	0~0.2
所占比重/%	2	15	46	33	4

①表 8-7 中,综合效率为 1 的企业有 5 家,占总体比例 2%,表明这些企业在现有的投入条件下,对企业诚信度效率输出达到最优水平。同时对比这 5 家企业的诚信度得分,排名都在前 15 名以内,也证明了企业信用投入产出的有效性。综合来看,这些企业在保持较高诚信度的同时,也具备了较强的运营、项目管理及保障履约等能力。

②表 8-7 中,综合效率在 0.8 及以上的企业仅有 48 家,占总体的比例为 17%。超过 80% 的企业综合效率低于 0.8,说明企业普遍存在信用投入产出效率不足,没有有效地把企业信用的投入转化为企业诚信度提升的问题,存在较大的改进空间。

2.纯技术效率分析

纯技术效率反映了企业的管理水平和生产技术等因素对企业诚信度的影响,详见表 8-8。

表 8-8　企业纯技术效率情况

	纯技术效率				
	1	0.8~1	0.5~0.8	0.2~0.5	0~0.2
评价	好	较好	一般	较差	差
企业数量/家	248	26	11	0	0
所占比重/%	87	9	4	0	0

①纯技术效率为 1,说明了企业的运营能力和项目管理技术水平较高,投入的管理和技术等资源使用是有效率的。在表 8-8 中,有 248 家企业的纯技术效率为 1,说明纯技术效率总体情况要比综合效率好得多。但结合表 8-7 的综合效率分析,只有 5 家达到综合效率最优状态,说明有 243 家企业业务运营管理水平较高,而规模效率小于 1,在运营的规模规划上存在问题。

②纯技术效率小于 1,表示企业需要改善内部运营方式,提高项目管理水平。表 8-8 中有 13% 的企业同时出现运营管理不佳和运营规模规划不当的问题,对企业诚信度造成影响。这些企业在实践中表现为企业的业务技术管理能力以及业务规模有限,同时企业诚信度一般。

3.规模效率分析

规模效率反映了企业的运营规模对产出指标的影响,具体结果见表 8-9。

表 8-9　企业规模效率情况

	规模效率				
	1	0.8～1	0.5～0.8	0.2～0.5	0～0.2
评价	好	较好	一般	较差	差
企业数量/家	6	51	124	92	12
所占比重/%	2	18	44	32	4

在表 8-9 中,只有 60%以上的企业规模效率大于等于 0.5,整体水平不是很好。而超过 30%的企业规模效率小于 0.5。表明这些企业中招投标业务规模在不断地扩张,但诚信度并没有随着业务规模的扩张而发生明显的改观,这种现象必须引起监管的高度重视。

第三节　本章小结

本章尝试构建"诚信度＋履约能力"双模块的企业信用评测体系,不同于现行的企业信用一体化评价模式,无论是在理论研究以及实际应用上都有一定的创新性和优势,当然也存在有待进一步提高的地方。

一、创新与优势

第一,"诚信度＋履约能力"双模块的企业信用评测体系在实践中体现了应用的灵活性,让每个模块都有应用场景。企业诚信度的评价结果反映了企业在市场经济中遵章守纪的情况,为政府在业务监管中提供决策依据;企业履约能力的评价结果反映了企业的业务能力和经济实力,为交易对手的市场交易决策服务;将企业诚信度与信用能力进行投入产出分析,可以进一步挖掘企业内部信用管理问题,有助于企业提升信用水平。

第二,在企业诚信度的评价指标体系中,采用了大量的经营行为数据、第三方平台数据以及公共信用信息平台数据,使评价来源信息更为多元和丰富。在企业信用能力的评价指标体系中,除了采用传统评价方法中的财务数据外,更多地尝试使用了财务管理数据,以更好地反映企业的信用潜力。

二、需要进一步研究的地方

第一,在构建企业信用评测指标体系时,有大量的公共信息可供选择,其中很多公共信息如企业成立年限等指标与企业信用只有相关关系,并不存在因果关系,因此本研究并未将这些信息纳入企业信用评价指标体系中。但这些公共信息对于企业信用评价的价值与作用还需进一步研究。

第二,本研究以招投标领域的企业为研究对象,充分考虑了招投标领域的业务特征以及企业信用特性,也考虑了企业公共信用信息的特点,来构建企业信用评测体系。该评测体系不一定具有普适性,但具有参考性。

第九章　城市全域旅游信用监测体系构建

第一节　引　言

改革开放以来,我国实现了从旅游短缺型国家到旅游大国的历史性跨越,旅游业成为国民经济战略性支柱产业。"十三五"时期,我国以全域旅游发展为主线,加快推进供给侧结构性改革,努力建成全面小康型旅游大国。按照旅游业发展的总体规划目标,到 2020 年,旅游业总收入将达到 7 万亿元,旅游业对国民经济的综合贡献度达到 12% 以上。权威部门发布的统计数据显示,2019 年,全年实现旅游总收入 6.63 万亿元,旅游业对 GDP 的综合贡献为 10.94 万亿元,占 GDP 总量的 11.05%。绿水青山正在成为全体国人的金山银山。

我国旅游行业的发展业已取得了有目共睹的成就,但不可否认的是,在全面建成小康型旅游大国过程中,旅游业的发展仍然存在不少发展瓶颈与制约因素。其中,旅游失信严重阻碍了旅游业的健康可持续发展,旅游诚信体系建设与经济发展水平和社会发展阶段不匹配、不协调、不适应的矛盾仍然突出,与公众的期待仍然有较大差距。

针对旅游领域信用建设,《社会信用体系建设规划纲要(2014—2020年)》(以下简称《纲要》)和《"十三五"旅游业发展规划》(以下简称《规划》)都提出了明确要求。《纲要》指出,要"制定旅游从业人员诚信服务准则,建立旅游业消费者意见反馈和投诉记录与公开制度,建立旅行社、旅游景区和宾馆饭店信用等级第三方评估制度"。《规划》指出,要"建立健全旅游从业者、经营者和消费者的信用体系。将旅游失信行为纳入社会信用体系记录范围,及时发布旅游失信行为信息记录。推进旅游失信行为记录和不文明行为记录与全国信用信息共享平台共享,开展联合惩戒。发挥旅游行业协会的自律作用,引导旅游经营者诚信经营"。

第二节　全域旅游信用监测体系建设的现状与成效

按照《纲要》和《规划》等相关文件的建设目标与要求,我国旅游信用体系建设成效显著,主要集中在以下几个方面。

1.旅游信用制度顶层设计已初步建成

为加快旅游领域信用体系建设,促进旅游业高质量发展,2015年,国家旅游局颁布《旅游经营服务不良信息管理办法（试行）》（旅办发〔2015〕181 号），加大对旅游经营服务违法失信行为的惩处力度，规范旅游市场秩序。2016 年，国务院办公厅印发《国务院办公厅关于加强旅游市场综合监管的通知》（国办发〔2016〕5 号），通过创新旅游市场综合监管机制，提高旅游市场综合监管水平和监管保障能力，进一步解决扰乱旅游市场秩序、侵害旅游者权益等突出问题。2018 年，文化和旅游部先后印发了《全国文化市场黑名单管理办法》、《旅游市场黑名单管理办法（试行）》，将严重违法失信的文化与旅游市场主体及从业人员，列入全国或地方文化与旅游市场黑名单，并实施信用约束、联合惩戒，同时废止 2015 版《旅游经营服务不良信息管理办法（试行）》。随着一系列从国家到地方层面关乎旅游市场诚信体系建设规章制度的陆续出台与实施，旅游信用制度框架的顶层设计得以初步建成。

2.旅游信用的组织保障和工作机制基本确立

旅游信用的组织保障和工作机制基本确立。作为地方信用体系建设领导小组成员单位，各级旅游主管部门具体负责本行业内部信用体系建设任务，各地依据制定和实施的《社会信用体系建设工作考核办法》，将信用工作成效纳入考核范畴，有力地推动了旅游信用体系的建设进程。

3.支撑旅游信用体系的基础服务设施不断完善

国家文化市场技术监管与服务平台、全国旅游监管服务平台、旅游市场信用信息管理系统等行业监管与数据服务平台纷纷建立,从国家到地方层面,支撑旅游信用体系的各类基础服务设施不断完善。从旅游信用数据的归集查询,到各类行政许可、行政执法数据的公开公示,再到各类"红黑名单"、信用承诺、信用档案的建立,以及旅游投诉处理、旅游政务服务与诚信旅游宣传,旅游信用信息的服务能力和服务效率大幅度提升。

4.以守信激励、失信惩戒为重点的旅游信用体系运行机制基本建成

守信激励和失信惩戒机制,是社会信用体系运行的核心机制。通过建立健全旅游从业者、经营者和消费者的信用奖惩机制,推动旅游失信行为和不文明行为等信用信息的跨部门交换共享,实现多部门、跨地区信用奖惩联动,充分发挥旅游"黑名单"及跨部门联合惩戒的震慑力,形成"一处失信,处处受限"的信用惩戒大格局。使守信者处处受益、失信者寸步难行。

5.跨部门协调、跨区域协同的新型旅游信用监管取得突破

2018 年,国家发展改革委、人民银行、文化和旅游部等 26 部门联合

签署了《关于对旅游领域严重失信相关责任主体实施联合惩戒的合作备忘录》，从 3 个方面、36 条措施，就旅游领域严重失信相关责任主体实施联合惩戒。长三角地区、京津冀地区、粤港澳地区在区域旅游信用协同监管方面迈出了实质性的步伐。2016 年，沪、苏、浙、皖 3 省 1 市信用主管部门、旅游管理部门及上海市文化执法部门共同签署了《长三角区域旅游领域信用联动奖惩合作备忘录》。以"信用长三角"合作为基础，以长三角旅游信用服务平台为重要载体，构建政府、社会共同参与的跨地区、跨部门、跨领域的守信联合激励和失信联合惩戒机制。随后，又陆续出台了《长三角地区深化推进国家社会信用体系建设区域合作示范区建设行动方案(2018—2020 年)》《长三角地区旅游行业协会推进行业信用体系建设合作备忘录》《长三角地区旅游领域市场主体及其有关人员守信行为认定标准和联合激励措施(试行)》《长三角地区旅游领域市场主体及其有关人员严重失信行为认定标准和联合惩戒措施(试行)》等文件，不断加快推进区域旅游信用一体化建设进程。2018 年，京津冀三地旅游主管部门共同签署了《京津冀地区旅游信用协同监管合作备忘录》，就平台对接、信息共享、联合惩戒等方面开展合作，推动京津冀统一的旅游诚信体系建立和信用奖惩联动机制的落实。2020 年，广东省 9 个城市(广州、深圳、珠海、佛山、惠州、东莞、中山、江门、肇庆)，会同香港、澳门 2 个特别行政区的文化和旅游主管部门，共同签署《粤港澳大湾区"9＋2"城市旅游市场联合监管协议书》，对加强旅游市场监管合作，形成治理合力，推动粤港澳大湾区旅游业高质量发展提出具体要求。

第三节　全域旅游信用体系建设存在的问题与不足

尽管在整个"十三五"期间,我国旅游信用体系建设取得了显著的成绩,但不可否认的是,仍然存在一些不足和短板。要全面建成与小康型旅游大国相匹配的全域旅游信用体系,下一步需要着力解决制约发展的瓶颈。当前,我国旅游信用体系建设中存在的问题,主要集中体现在以下方面。

一、旅游主体诚信意识仍然不足,行业信用水平有待提高

首先,旅游从业人员和经营者诚信经营问题仍然十分突出,诚信意识有待进一步提高。从层出不穷的"不合理低价游""强制购物消费""旅游消费陷阱"等旅游失信现象,到"青岛天价虾事件""海林雪乡宰客事件""丽江宰客乱象""敦煌陷阱公厕事件"等引起媒体和公众广泛评论和关注的重大恶性旅游失信事件,表明旅游领域失信治理依旧任重而道远。

其次,在线旅游成为新的消费投诉重灾区,失信问题高企。一些在线旅游经营者凭借信息技术优势,对旅游消费者进行价格歧视(俗称"大数据杀熟")、虚假宣传、虚假预定、诱导评论、恶意删帖等行为,严重侵害了

游客合法权益,扰乱了旅游市场秩序。2016 年,国家网信办会同相关部门开展"旅游网站严重违规失信"专项整治,关闭 74 家严重违规失信旅游网站。2020 年 10 月 1 日,《在线旅游经营服务管理暂行规定》正式施行,对有不诚信经营、侵害旅游者评价权、滥用技术手段设置不公平交易条件等违法违规经营行为的在线旅游经营者,列入失信黑名单并实施联合惩戒。

最后,游客的文明素质、诚信意识也有待提高,合同意识、契约精神、依法维权、自我防范意识欠缺,非理性消费的现象较为普遍,全面形成道德和制度的双重约束合力,还有待时日。早在 2006 年,中央文明办和国家旅游局就出台了《中国公民国内旅游文明行为公约》,倡导旅游中的文明行为。但长期以来,由于游客不文明行为的违规成本较低,加之旅游执法力量有限,执法过程缺乏相关法律依据,游客的旅游失信问题难以根治。为推进旅游诚信建设工作,提升公民文明出游意识,2016 年,《国家旅游局关于旅游不文明行为记录管理暂行办法》正式实施,将游客在境内外旅游过程中发生的因违反境内外法律法规、公序良俗,造成严重社会不良影响的行为,纳入"旅游不文明行为记录",从而在道德的柔性约束,与制度的刚性制约两个层面,同时发力,以期早日形成合力,但公民诚信意识的培养是一个漫长的过程,从根本上解决旅游不文明和失信行为,还有待时日。

二、旅游信用市场培育不充分，旅游信用服务能力不足

由于当前我国在征信体系建设和社会信用体系建设中，政府均发挥主导作用，"政府＋市场"双轮驱动的发展模式尚未形成。这一发展模式符合现阶段我国的基本国情，但不可否认，其在一定程度上对第三方信用市场力量的培育形成了挤出效应。信用市场发育不充分，市场运行机制不成熟，信用服务机构整体实力偏弱，信用评级行业发展明显滞后于国际先进水平。这一"大政府小市场"局面同样困扰着当前国内的旅游信用体系建设。《社会信用体系建设规划纲要（2014—2020 年）》明确提出"建立旅游业消费者意见反馈和投诉记录与公开制度，建立旅行社、旅游景区和宾馆饭店信用等级第三方评估制度"的总体目标要求。但从目前各地实际开展情况来看，除江苏、四川、海南等个别省份针对旅行社、旅游景区和宾馆饭店等旅游经营主体的第三方评估方面做了制度和实践层面的尝试，绝大多数地方尚在摸索当中。除此之外，旅游信用产品单一，服务手段欠缺，旅游信用应用场景缺乏有效支撑，信用服务能力明显不足，远不能满足市场的需求。

三、以信用为基础的新型旅游监管机制有待完善,旅游信用治理能力较为薄弱

《国务院办公厅关于加快推进社会信用体系建设 构建以信用为基础的新型监管机制的指导意见》(国办发〔2019〕35 号)指出,要"以加强信用监管为着力点,创新监管理念、监管制度和监管方式,建立健全贯穿市场主体全生命周期,衔接事前、事中、事后全监管环节的新型监管机制"。一方面,旅游市场涉及"吃"、"住"、"行"、"游"、"购"、"娱"众多领域,覆盖范围广,受众数量大,旅游监管牵涉部门众多,监管主体分散,监管界限模糊且交织严重,仅仅依靠旅游部门存在明显的监管力量薄弱、监管权限不足问题;另一方面,以信用为基础的新型旅游监管机制有待完善,轻"事前监管"、"事中监管",重"事后监管"、"事后惩罚",旅游信用分级分类监管能力不足,监管成本高,监管效率低下。

第四节　实施全域旅游信用监测的目的意义

一、全面贯彻落实重要文件精神的需要

《"十三五"旅游业发展规划》(国发〔2016〕70 号)中指出,要"完善旅游业发展评价考核体系","加快建立以游客评价为主的旅游目的地评价

机制"。《旅游质量发展纲要(2013—2020 年)》(旅发〔2013〕64 号)也指出"建立健全科学规范的旅游质量工作绩效考核评价体系。完善旅游行业质量工作评价指标和考核制度,将旅游质量工作纳入地方各级人民政府质量工作绩效考核评价内容"。为更好地贯彻落实上述《规划》《纲要》等重要文件精神的要求,需要建立一套科学的评估体系,围绕旅游行业建设任务与建设目标,对建设成效进行考核评价。

二、客观评估城市旅游信用体系建设进程和建设水平的现实需要

《社会信用体系建设规划纲要(2014—2020 年)》明确指出"强化考核,把社会信用体系建设工作作为目标责任考核和政绩考核的重要内容""制定信用基准性评价指标体系和评价方法"。从 2015 年开始,国家发改委、人民银行印发《社会信用体系建设示范城市评审指标》,委托第三方机构开展社会信用体系建设示范城市评估工作。与此同时,2015年,国家发改委委托国家信息中心中经网建设"全国城市信用状况监测平台",建立并修订完善城市信用监测预警指标体系,对全国 36 个省会及副省级以上城市、261 个地级城市和 375 个县级城市开展信用监测评价,并通过信用中国网站定期发布城市信用状况监测指数。城市旅游信用体系作为社会信用体系建设的重要组成部分,是诚信建设重点推进的领域,对城市旅游信用进行全面的监测评价,可以客观评估当前旅游信用体系的建设进程和建设水平,是衡量城市信用建设成效的重

要标准。

三、总结建设经验，进行查漏补缺，发挥示范引领，做好下一步规划的需要

2020 年既是《"十三五"旅游业发展规划》和《社会信用体系建设规划纲要（2014—2020 年）》的收官之年，也是开启"十四五"规划和新一轮信用体系建设规划的起始之年，在这个承上启下的关键时间节点上，通过编制和发布全域旅游信用指数，对城市的旅游信用环境、"吃住行游购娱"等全部旅游相关行业的信用水平，以及旅游主管部门、旅游业经营者和从业人员、旅游消费者等涉旅主体的诚信状况实施监测评价，可以对城市的旅游信用进行一次全方位的"体检"，全面总结上一建设周期城市旅游信用建设中的亮点和特色，发现不足和短板，起到扬长避短、查漏补缺的作用。同时，前期的建设取得了明显成效，形成了一些成熟的做法与经验，涌现出一批先进城市，通过树立旅游诚信建设的典型样板，不仅有利于发挥示范引领作用，更好地指导其他城市的旅游诚信体系建设，而且对推动除旅游业之外的其他重点领域的诚信体系建设，可以起到辐射和以点带面的作用。

第五节　城市全域旅游信用监测体系的理论框架

城市全域旅游信用监测聚焦城市的环境、体系、主体和要素(见图 9-1)。

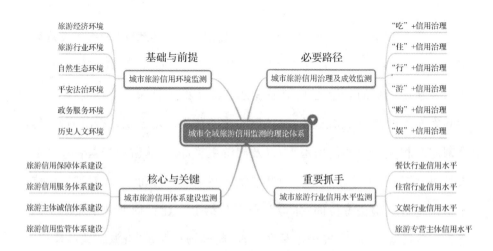

图 9-1　城市旅游信用监测的理论体系

一、城市全域旅游信用监测的基础与前提

营造诚实守信的旅游信用环境是城市全域旅游信用监测的基础与前提。旅游信用环境不仅与城市的经济环境、行业环境、自然生态环境等硬环境密切相关,而且还与城市的平安法治环境、政务服务环境、历史人文环境等软环境密切相关。硬环境为城市的旅游信用提供必要的物质条件

和物质支撑,软环境则体现城市的社会文明进步、政府管理水平和旅游综合服务能力。两者相互协调、相互促进,为营造诚实守信的旅游信用提供了必要的基础和前提。

二、城市全域旅游信用监测的核心与关键

建立与经济发展水平和社会发展阶段相匹配的城市旅游信用体系是城市全域旅游信用监测的核心与关键。城市旅游信用体系包括旅游信用保障体系、旅游信用服务体系、旅游主体诚信体系和旅游信用监管体系四大子体系。旅游信用保障体系建设监测旨在对旅游信用的组织保障、制度保障、人员保障、经费保障等保障能力建设情况进行评估;旅游信用服务体系建设监测旨在对旅游信用信息服务、旅游政务服务、行业信用服务的能力和水平进行评估;旅游主体诚信体系建设监测旨在对旅游主管部门、旅游经营者、旅游消费者三大主体的诚信体系建设状况进行评估;旅游信用监管体系建设监测旨在对建立健全贯穿旅游市场主体全生命周期,衔接事前、事中、事后全监管环节的新型旅游信用监管能力进行监测。四大子体系之间形成辩证统一的关系,是城市旅游信用的核心与关键。

三、城市全域旅游信用监测的重要抓手

提高旅游行业的整体信用水平是城市全域旅游信用监测的重要抓

手。通过对城市餐饮业、住宿业、文娱业、旅游专营主体四大行业主体的信用能力、景气程度和信用风险的全面评估，来综合衡量城市旅游行业主体的信用水平和信用状况。旅游行业主体的信用能力是对过去和当前信用水平和信用状况的刻画，景气程度是对将来的信用水平和信用状况的预判，而信用风险的预测和预警是全部评价的核心。实施城市全域旅游信用监测，就必须紧紧抓住旅游行业主体信用这一关键。

四、城市全域旅游信用监测的必要路径

通过信用治理提高全社会对旅游服务的满意度，是城市全域旅游信用监测的必要路径。为游客提供良好的旅游体验是一切旅游工作的出发点和最终落脚点，游客的满意度是衡量的唯一标准和依据。游客的满意度主要集中在"吃住行游购娱"六大旅游要素上。如何提高游客的全要素满意度？可行路径是进行城市信用治理，尤其是对旅游信用领域长期存在的失信行为和旅游不文明现象进行治理，通过对旅游失信和旅游不文明进行必要惩戒，褒扬诚信文明，从而提高游客的满意度。

第六节　城市全域旅游信用监测的
指标体系设计

一、城市旅游信用环境监测

城市旅游信用环境是信用旅游赖以存在的基础和前提。良好的旅游信用环境关系到城市旅游的健康可持续发展,关系到旅游业的良性竞争,关系到游客的体验,并最终影响到一座城市的形象。

影响城市旅游信用环境的因素,既有宏观层面的经济因素、政策因素,也有中观层面的行业自身因素,还有微观层面旅游参与者的行为因素。城市旅游信用环境可以分为"硬环境"和"软环境"两部分,"硬环境"是指为旅游信用提供物质支撑的客观条件,包括宏观经济环境、行业环境、自然生态环境等;"软环境"是指为旅游信用提供除物质条件以外的诸如政策、文化、服务、观念等因素和条件的总和,具体包括平安法治环境、政务服务环境、历史人文环境,如图 9-2 所示。

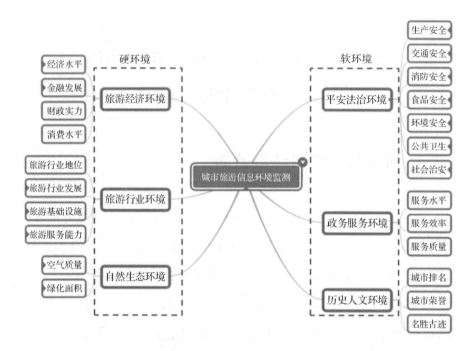

图 9-2　城市旅游信用环境监测

城市旅游信用环境监测指标体系如表 9-1 所示。

表 9-1　城市旅游信用环境监测指标体系

监测维度	一级指标	二级指标
旅游 经济环境	经济水平	城市人均 GDP、GDP 增速
	金融发展	地方金融机构贷款不良率、存贷比、境内上市公司数量、新增境内外上市公司 IPO 融资额
	财政实力	财政收入及增速、税收收入占一般公共预算收入的比重
	消费水平	人均可支配收入、人均消费支出

续表

监测维度	一级指标	二级指标
旅游 行业环境	行业地位	第三产业占 GDP 的比重、旅游产业占 GDP 的比重、旅游总收入占第三产业比重、旅游业综合贡献度
	行业基础	旅客周转量、货运周转量、民用航空通航城市、民用航空航线、邮政业务总收入、电信业务收入、境内公路总里程
	行业发展	文化旅游投入占预算支出比重、文化旅游投入增速、旅游休闲产业增加值及增速、文化创意产业增加值及增速
	行业服务能力	接待游客总人次、接待游客总人次增速、旅游总收入及增速、国内旅游收入及增速、旅游外汇收入及增速、国内游客在当地逗留天数增速
自然 生态环境	空气质量	市区空气质量优良天数、市区空气质量达标率、PM2.5 平均浓度
	绿化面积	森林覆盖率、市区公园绿地面积
平安 法治环境	生产安全	生产安全事故数
	交通安全	交通事故数、交通事故经济损失
	消防安全	火灾事故数、火灾事故直接经济损失
	食品安全	食品安全抽检合格率
	环境安全	立案查处环境违法案件数
	公共卫生	食品中毒事件数、传染病流行事件数
	社会治安	城市犯罪率、恐怖袭击事件数、群体性事件数

续表

监测维度	一级指标	二级指标
政务服务环境	服务水平	日均办件量、政务服务事项数量
	服务效率	民生事项实现"一证通办"、适宜网办政务服务事项网办率和掌办率、"跑零次"率、"最多跑一次"率、可全程在线办理政务服务事项数量占政务服务事项数量的比率
	服务质量	差评率、差评整改率
历史人文环境	城市排名	全国旅游城市排名、城市信用监测排名、中国城市商业信用环境、中国城市营商环境排名
	城市荣誉	全国文明城市、信用示范城市、国家卫生城市、中国最具幸福感城市、全国文化模范城市、最佳中国魅力城市、国家园林城市、国内最佳旅游城市、中国宜居城市等荣誉称号
	名胜古迹	全国重点历史文物保护单位、世界历史文化遗迹数量

1. 旅游经济环境

主要从经济水平、金融发展、财政实力和消费水平四个方面进行监测评价：①经济水平监测指标包括城市人均 GDP 和 GDP 增速；②金融发展监测指标包括城市地方金融机构贷款不良率、存贷比、境内上市公司数量、新增境内外上市公司 IPO 融资额；③财政实力监测指标包括财政收入及增速、税收收入占一般公共预算收入的比重；④消费水平监测指标包括人均可支配收入、人均消费支出。

2.旅游行业环境

主要从旅游行业地位、旅游行业基础设施、旅游行业发展、旅游行业服务能力四个方面进行监测：①旅游行业地位监测指标包括第三产业占GDP的比重、旅游产业占GDP的比重、旅游总收入占第三产业比重、旅游业综合贡献度；②旅游行业基础设施监测指标包括旅客周转量、货运周转量、民用航空通航城市、民用航空航线、邮政业务总收入、电信业务收入、境内公路总里程；③旅游行业发展监测指标包括文化旅游投入占预算支出比重、文化旅游投入增速、旅游休闲产业增加值及增速、文化创意产业增加值及增速；④旅游行业服务能力监测指标包括接待游客总人次、接待游客总人次增速、旅游总收入及增速、国内旅游收入及增速、旅游外汇收入及增速、国内游客在当地逗留天数增速。

3.自然生态环境

主要从空气质量、绿化面积两个方面实施监测评价：①空气质量监测指标包括市区空气质量优良天数、市区空气质量达标率、PM2.5平均浓度；②绿化面积监测指标包括森林覆盖率、市区公园绿地面积。

4.平安法治环境

主要从生产安全、交通安全、消防安全、食品安全、环境安全、公共卫生、社会治安等七个方面实施监测评价：①生产安全监测指标为生产安全事故数；②交通安全监测指标包括交通事故数、交通事故经济损失；③消防安全监测指标包括火灾事故数、火灾事故直接经济损失；④食品安全监测指标为食品安全抽检合格率；⑤环境安全监测指标为立案查处环境违法案件数；⑥公共卫生监测指标包括食品中毒事件数、传染病流行事件数；⑦社会治安监测指标包括社城市犯罪率、恐怖袭击事件数、群体性事件数。

5.政务服务环境

主要从政务服务效率、政务服务水平和政务服务质量三个方面实施监测评价：①政务服务水平监测指标包括日均办件量、政务服务事项数量；②政务服务效率监测指标包括民生事项实现"一证通办"、适宜网办政务服务事项网办率和掌办率、"跑零次"率、"最多跑一次"率、可全程在线办理政务服务事项数量占政务服务事项数量的比率；③政府服务质量监测指标包括差评率、差评整改率。

6.历史人文环境

主要从城市旅游信用相关排名、城市获得的荣誉称号和名胜古迹三个方面实施监测评价：①旅游信用相关城市排名主要包括全国旅游城市排名、城市信用监测排名、中国城市商业信用环境、中国城市营商环境排名；②城市获得的荣誉称号包括全国文明城市、信用示范城市、国家卫生城市、中国最具幸福感城市、全国文化模范城市、最佳中国魅力城市、国家园林城市、国内最佳旅游城市、中国宜居城市等荣誉称号；③名胜古迹监测指标主要指全国重点历史文物保护单位和世界历史文化遗迹数量。

二、城市旅游信用体系建设

城市旅游信用体系是社会信用体系的重要组成部分,城市旅游信用体系建设是信用旅游的必要支撑,是实现旅游信用的重要路径。当前,城市旅游信用体系建设的重点包括四个方面(见图 9-3):第一,旅游信用保

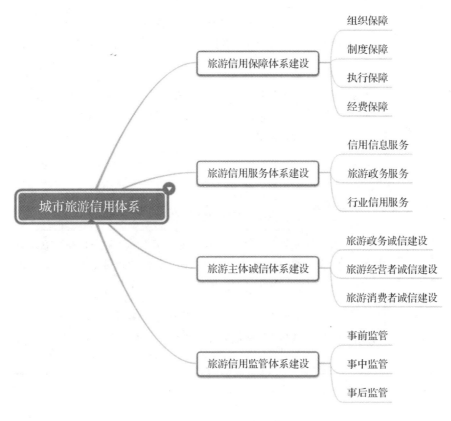

图 9-3　城市旅游信用体系

障体系建设;第二,旅游信用服务体系建设;第三,旅游主体诚信体系建设;第四,旅游信用监管体系建设(见表 9-2)。

表 9-2　城市旅游信用体系建设监测指标体系

监测维度	一级指标	二级指标
旅游信用保障体系建设	组织保障	信用建设领导小组成员单位部门覆盖率、区县市覆盖率、当地旅游主管部门是否是信用建设领导小组成员单位、主要负责领导对旅游信用管理工作的重视程度、有无具体负责旅游信用管理工作的部门和人员
	制度保障	有无专门制定旅游行业信用规划、有无颁布实施行业信用体系建设实施意见或办法、地方信用立法或信用管理条例中有无覆盖旅游行业
	执行保障	当地旅游主管部门有无将行业信用体系建设纳入考核、旅游主管部门开展旅游执法的频率、旅游行业协会开展信用建设情况
	经费保障	旅游信用建设常规经费投入、旅游信用建设专项经费投入
旅游信用服务体系建设	信用信息服务	行业信用信息归集量、行业信用信息归集时效性、行业信用信息查询和使用量、信用信息安全
	旅游政务服务	主管部门政务公开(信息公开公示)、政务网站信息发布量、行政复议和提起行政诉讼数、依申请公开申请数、依申请公开申请办结数
	行业信用服务	旅游市场主体信用(诚信)评价的数量、覆盖率、达标率、行业信用服务市场培育、"信易游"等旅游信用应用是否实现"吃住行游购娱"六大场景全覆盖

续表

监测维度	一级指标	二级指标
旅游主体诚信体系建设	旅游政务诚信建设	主管部门政务诚信管理制度建设情况（行政审批制度改革、政府守信践诺机制、诚信考核评价机制）、主管部门政务失信情况（违法违规、失信违约被司法判决、行政处罚、纪律处分、问责处理等信息）、公务员诚信（公务员诚信档案建设覆盖率、公职人员奖惩统计）、针对行业主管部门的投诉量、整改率、好差评率
	旅游经营者诚信建设	旅游市场主体和从业人员诚信档案建设数量和覆盖面、旅游市场主体和从业人员信用承诺的数量和覆盖面
	旅游消费者诚信建设	诚信文明旅游宣传教育报道、游客不文明行为执法情况（因违反《游客不文明行为记录管理暂行办法》被记入不诚信记录的游客人次）
旅游信用监管体系建设	事前监管	有无建立针对市场主体和从业人员的信用承诺制度、准入前诚信教育培训人次、信用记录或信用报告部门应用情况
	事中监管	有无开展旅游信用分类评价、有无制定旅游信用评价制度、有无开展信用分级分类差异化监管、有无第三方机构参与行业信用评价、有无行业组织和信用服务机构协同监管
	事后监管	有无涉旅重点监管名单、旅游红黑名单建立、发布与查询、旅游失信联合奖惩、有无建立信用修复机制、市场主体和从业人员信用修复人（家）次

1. 旅游信用保障体系建设

主要从组织保障、制度保障、执行保障和经费保障四个方面进行监测评价。其中，①组织保障监测指标包括信用建设领导小组成员单位部门覆盖率、区县市覆盖率、当地旅游主管部门是否是信用建设领导小组成员单位、主要负责领导对旅游信用管理工作的重视程度、有无具体负责旅游信用管理工作的部门和人员；②制度保障监测指标包括有无专门制定旅游行业信用规划、有无颁布实施行业信用体系建设实施意见或办法、地方信用立法或信用管理条例中有无覆盖旅游行业；③执行保障监测指标包括当地旅游主管部门有无将行业信用体系建设纳入考核、旅游主管部门开展旅游执法的频率、旅游行业协会开展信用建设情况；④经费保障监测指标包括旅游信用建设常规经费投入、旅游信用建设专项经费投入。

2. 旅游信用服务体系建设

主要从信用信息服务、旅游政务服务、行业信用服务三个方面进行监测评价。其中，①信用信息服务监测指标包括行业信用信息归集量、行业信用信息归集时效性、行业信用信息查询和使用量、信用信息安全；②旅游政务服务监测指标包括主管部门政务公开（信息公开公示）、政务网站信息发布量、行政复议和提起行政诉讼数、依申请公开申请数、依申请公开申请办结数；③行业信用服务监测指标包括旅游市场主体信用（诚信）

244

评价的数量、覆盖率、达标率,行业信用服务市场培育,"信易游"等旅游信用应用是否实现"吃住行游购娱"六大场景全覆盖。

3.旅游主体诚信体系建设

主要从旅游政务诚信建设、旅游经营者诚信建设、旅游消费者诚信建设三个方面进行监测评价。其中,①旅游政务诚信建设监测指标包括主管部门政务诚信管理制度建设情况(行政审批制度改革、政府守信践诺机制、诚信考核评价机制)、主管部门政务失信情况(违法违规、失信违约被司法判决、行政处罚、纪律处分、问责处理等信息)、公务员诚信(公务员诚信档案建设覆盖率、公职人员奖惩统计)、针对行业主管部门的投诉量、整改率、好差评率;②旅游经营者诚信建设监测指标包括旅游市场主体和从业人员诚信档案建设数量和覆盖面、旅游市场主体和从业人员信用承诺的数量和覆盖面;③旅游消费者诚信建设监测指标包括诚信文明旅游宣传教育报道、游客不文明行为执法情况(因违反《游客不文明行为记录管理暂行办法》被记入不诚信记录的游客人次)。

4.旅游信用监管体系建设

根据国务院办公厅印发的《关于加快推进社会信用体系建设构建以信用为基础的新型监管机制的指导意见》相关文件精神要求,以旅游信用监管为着力点,创新监管理念、监管制度和监管方式,建立健全贯穿旅游市场主体全生命周期,衔接事前、事中、事后全监管环节的新型监管机制。旅游信用监管体系建设从事前监管、事中监管、事后监管三个方面进行监测评价。其中,①事前监管监测指标包括有无建立针对市场主体和从业人员的信用承诺制度、准入前诚信教育培训人次、信用记录或信用报告部门应用情况;②事中监管监测指标包括有无开展旅游信用分类评价、有无制定旅游信用评价制度、有无开展信用分级分类差异化监管、有无第三方机构参与行业信用评价、有无行业组织和信用服务机构协同监管;③事后监管监测指标包括有无涉旅重点监管名单、旅游红黑名单建立、发布与查询、旅游失信联合奖惩、有无建立信用修复机制、市场主体和从业人员信用修复人(家)次。

三、城市旅游行业信用水平监测

城市旅游行业信用水平监测是城市旅游信用的核心与关键,是对一座城市旅游相关行业产业整体信用能力、景气程度和信用风险的全面综合评估。城市旅游行业信用水平监测聚焦城市餐饮业、住宿业、文娱业、旅游专营主体四大行业主体的信用能力、景气度和信用风险(见图 9-4 和表 9-3)。

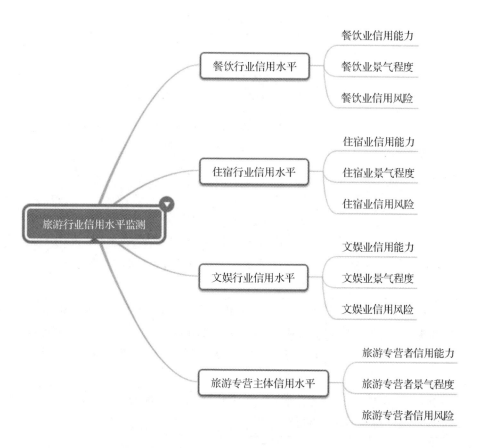

图 9-4　城市旅游行业信用水平监测

表 9-3　城市旅游行业信用水平监测指标体系

监测维度	一级指标	二级指标
餐饮行业信用水平	餐饮业信用能力	餐饮业企业法人单位个数、餐饮业从业人数、餐饮业资产总计、餐饮业营业收入、餐饮企业营业面积
	餐饮业景气程度	餐饮业企业法人单位个数增速、餐饮业从业人数增速、餐饮业资产规模增速、营业收入增速、餐饮企业营业面积增速
	餐饮业信用风险	餐饮业破产数、良性退出数、资产负债率,营业利润率、成本费用率
住宿行业信用水平	住宿业信用能力	星级宾馆数量、住宿业企业法人单位数、住宿业从业人员数、住宿业资产总计、住宿设施接待过夜游客人次、住宿业营业收入、农家乐(民宿)接待游客人次、农家乐(民宿)实现经营收入
	住宿业景气程度	宾馆平均客房出租率、平均房价、星级宾馆数量增速、住宿业企业法人单位数增速、住宿业从业人员数增速、住宿业资产规模增速、住宿设施接待过夜游客人次增速、住宿业营业收入增速
	住宿业信用风险	住宿业破产数、良性退出数、资产负债率、营业利润率、成本费用率
文娱行业信用水平	文娱业信用能力	文化事业单位数(包含电影院、剧团、剧场、文化馆、文化站、图书馆、博物馆)、艺术表演团体演出场次、艺术表演所演出收入、剧团演出场次、剧团演出观众人数、剧团演出收入、电影院放映场次、电影票款收入
	文娱业景气程度	社会消费品零售总额及增速、教育文化娱乐人均支出增速、游客平均花费及增速、文化事业单位增速、文娱业收入增速
	文娱业信用风险	文化事业单位破产数、良性退出数、资产负债率、营业利润率、成本费用率

监测维度	一级指标	二级指标
旅游专营者 信用水平	旅游专营者 信用能力	A级旅游景区数量、旅行社数量、旅游专营店数量、旅游从业人员数、旅行社营业收入、旅游专营店营业收入
	旅游专营者 景气程度	A级旅游景区数量增速、旅行社数量增速、旅行社营业收入增速、旅游从业人员增速
	旅游专营者 信用风险	旅行社和旅游专营店破产数、良性退出数、资产负债率、营业利润率、成本费用率

1.餐饮行业信用水平

主要从餐饮业信用能力、餐饮业景气程度、餐饮业信用风险三个方面进行监测评价。其中,①餐饮业信用能力监测指标包括餐饮业企业法人单位个数、餐饮业从业人数、餐饮业资产总计、餐饮业营业收入、餐饮企业营业面积;②餐饮业景气程度监测指标包括餐饮业企业法人单位个数增速、餐饮业从业人数增速、餐饮业资产规模增速、营业收入增速、餐饮企业营业面积增速;③餐饮业信用风险监测指标包括餐饮业破产数、良性退出数、资产负债率、营业利润率、成本费用率。

2.住宿行业信用水平

主要从住宿业信用能力、住宿业景气程度、住宿业信用风险三个方面进行监测评价。其中,①住宿业信用能力监测指标包括星级宾馆数量、住宿业企业法人单位数、住宿业从业人员数、住宿业资产总计、住宿设施接待过夜游客人次、住宿业营业收入、农家乐(民宿)接待游客人次、农家乐(民宿)实现经营收入;②住宿业景气程度监测指标包括宾馆平均客房出租率、平均房价、星级宾馆数量增速、住宿业企业法人单位数增速、住宿业从业人员数增速、住宿业资产规模增速、住宿设施接待过夜游客人次增速、住宿业营业收入增速;③住宿业信用风险监测指标包括住宿业破产数、良性退出数、资产负债率、营业利润率、成本费用率。

3.文娱行业信用水平

主要从文娱业信用能力、文娱业景气程度、文娱业信用风险三个方面进行监测评价。其中,①文娱业信用能力监测指标包括文化事业单位数(包含电影院、剧团、剧场、文化馆、文化站、图书馆、博物馆)、艺术表演团体演出场次、艺术表演场所演出收入、剧团演出场次、剧团演出观众人数、剧团演出收入、电影院放映场次、电影票款收入;②文娱业景气程度监测指标包括社会消费品零售总额及增速、教育文化娱乐人均支出增速、游客平均花费及增速、文化事业单位增速、文娱业收入增速;③文娱业信用风险监测指标包括文化事业单位破产数、良性退出数、资产负债率、营业利润率、成本费用率。

4.旅游专营主体信用水平

主要从旅游专营者信用能力、旅游专营者景气程度、旅游专营者信用风险三个方面进行监测评价。其中,①旅游专营者信用能力监测指标包括 A 级旅游景区数量、旅行社数量、旅游专营店数量、旅游从业人员数、旅行社营业收入、旅游专营店营业收入；②旅游专营者景气程度监测指标包括 A 级旅游景区数量增速、旅行社数量增速、旅行社营业收入增速、旅游从业人员增速；③旅游专营者信用风险监测指标包括旅行社和旅游专营店破产数、良性退出数、资产负债率、营业利润率、成本费用率。

四、城市旅游信用治理及成效监测

城市旅游信用治理及成效监测是城市旅游信用的重要抓手。城市旅游信用治理聚焦旅游信用"吃""住""行""游""购""娱"六大领域，监测重点是对上述领域中存在的失信问题进行治理，对诚信现象进行褒扬，并从旅游消费者的角度对上述领域信用治理的成效进行评价（见图 9-5 和表 9-4）。

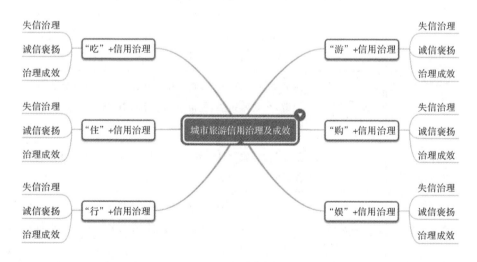

图 9-5　城市旅游信用治理及成效监测体系

表 9-4　城市旅游信用治理及成效监测指标体系

监测维度	一级指标	二级指标
"吃"+ 信用治理	失信治理	餐饮企业失信黑名单数、餐饮企业行政处罚数
	诚信褒扬	餐饮企业守信红名单数、餐饮企业行政奖励数
	治理成效	餐饮企业行政许可数量、餐饮企业信用承诺数、餐饮企业信用修复数、餐饮企业投诉量、食客满意度评价
"住"+ 信用治理	失信治理	住宿企业失信黑名单数、住宿企业行政处罚数
	诚信褒扬	住宿企业守信红名单数、住宿企业行政奖励数
	治理成效	住宿企业信用承诺数、住宿企业信用修复数、住宿企业投诉量、住客满意度评价
"行"+ 信用治理	失信治理	交通领域失信黑名单数、交通领域行政处罚数、行政强制实施数
	诚信褒扬	交通领域守信红名单数、交通领域行政奖励数
	治理成效	交通运营企业信用承诺数、交通运营企业信用修复数、交通服务投诉量、12345话务系统交办投诉件按时反馈率、按时办结率、综合满意率、乘客出行满意度评价
"游"+ 信用治理	失信治理	景点景区(旅行社、导游)黑名单数、景点景区(旅行社、导游)行政处罚数、低价游治理案件数、无证经营导游治理案件数
	诚信褒扬	景点景区(旅行社、导游)红名单数、景点景区(旅行社、导游)行政奖励数
	治理成效	景点景区(旅行社、导游)信用承诺数、景点景区(旅行社、导游)信用修复数、景点景区(旅行社、导游)投诉量、游客游玩体验满意度评价

续表

监测维度	一级指标	二级指标
"购"+ 信用治理	失信治理	旅游购物店被列入失信被执行人名单数、旅游购物店行政处罚数
	诚信褒扬	旅游购物店守信红名单数、旅游购物店行政奖励数
	治理成效	旅游购物店信用承诺数、旅游购物店信用修复数、旅游购物店投诉量、游客购物满意度评价
"娱"+ 信用治理	失信治理	文娱企事业单位失信黑名单数、文娱企事业单位行政处罚数、取缔非法演出文娱活动、文娱活动政行处罚立案
	诚信褒扬	文娱企事业单位守信红名单数、文娱企事业单位行政奖励
	治理成效	文娱企事业单位信用承诺数、文娱企事业单位信用修复数、文娱活动举报投诉量、文娱活动消费者满意度评价

1. "吃"+信用治理

主要从餐饮企业失信治理、餐饮企业诚信褒扬、餐饮企业信用治理成效三个方面进行监测评价。其中，①餐饮企业失信治理监测指标包括餐饮企业失信黑名单数、餐饮企业行政处罚数；②餐饮企业诚信褒扬监测指标包括餐饮企业守信红名单数、餐饮企业行政奖励数；③餐饮企业信用治理成效监测指标包括餐饮企业行政许可数量、餐饮企业信用承诺数、餐饮企业信用修复数、餐饮企业投诉量、食客满意度评价。

2.“住”＋信用治理

主要从住宿企业失信治理、住宿企业诚信褒扬、住宿企业信用治理成效三个方面进行监测评价。其中，①住宿企业失信治理监测指标包括住宿企业失信黑名单数、住宿企业行政处罚数；②住宿企业诚信褒扬监测指标包括住宿企业守信红名单数、住宿企业行政奖励数；③住宿企业信用治理成效监测指标包括住宿企业信用承诺数、住宿企业信用修复数、住宿企业投诉量、住客满意度评价。

3.“行”＋信用治理

主要从交通领域失信治理、交通领域诚信褒扬、交通领域信用治理成效三个方面进行监测评价。其中，①交通领域失信治理监测指标包括交通领域失信黑名单数、交通领域行政处罚数、行政强制实施数；②交通领域诚信褒扬监测指标包括交通领域守信红名单数、交通领域行政奖励数；③交通领域信用治理成效监测指标包括交通运营企业信用承诺数、交通运营企业信用修复数、交通服务投诉量、12345话务系统交办投诉件按时反馈率、按时办结率、综合满意率、乘客出行满意度评价。

4.“游”＋信用治理

主要针对景点、景区、旅行社、导游等旅游专营机构或从业人员，从失信治理、诚信褒扬、信用治理成效三个方面进行监测评价。其中，①景点景区(旅行社、导游)失信治理监测指标包括黑名单数量、行政处罚数、低价游治理案件数、无证经营导游治理案件数;②景点景区(旅行社、导游)诚信褒扬监测指标包括守信红名单数、行政奖励数;③景点景区(旅行社、导游)信用治理成效监测指标包括信用承诺数、信用修复数、投诉量、游客游玩体验满意度评价。

5."购"+信用治理

主要从旅游购物店(旅游景区购物专营店、地方老字号、民族特色品牌店)失信治理、诚信褒扬、信用治理成效三个方面进行监测评价。其中,①旅游购物店失信治理监测指标包括旅游购物店被列入失信被执行人名单数、行政处罚数;②旅游购物店诚信褒扬监测指标包括守信红名单数、行政奖励数;③旅游购物店信用治理成效监测指标包括旅游购物店信用承诺数、旅游购物店信用修复数、旅游购物店投诉量、游客购物满意度评价。

6."娱"+信用治理

主要针对文娱活动领域,从文娱企事业单位失信治理、诚信褒扬、信用治理成效三个方面进行监测评价。其中,①文娱活动领域失信治理监测指标包括文娱企事业单位失信黑名单数、文娱企事业单位行政处罚数、取缔非法演出文娱活动、文娱活动政行处罚立案;②文娱活动领域诚信褒扬监测指标包括文娱企事业单位守信红名单数、文娱企事业单位行政奖励;③文娱活动领域信用治理成效监测指标包括文娱企事业单位信用承诺数、文娱企事业单位信用修复数、文娱活动举报投诉量、文娱活动消费者满意度评价。

第七节　基于 TOPSIS-GRA 的城市全域旅游信用动态监测评价方法

1. 城市全域旅游信用监测评价的实际需求

通过城市全域旅游信用监测评价,要满足以下几点需求:第一,围绕《"十三五"旅游业发展规划》、《旅游质量发展纲要(2013—2020 年)》、《社会信用体系建设规划纲要(2014—2020 年)》提出的具体建设目标和任务,对现状和目标实现程度进行全面客观评估;第二,在静态关键时间节点评估基础上,结合主要城市全域旅游信用环境变动、信用体系建设进程、信用水平变化和信用治理过程及成效,进行动态跟踪评价,以强化评估结果的时效性;第三,在进行纵向动态跟踪评价的同时,满足城市之间横向评比与考核排名需求,以实现奖优罚劣,更好地体现示范引领的作用。

基于上述几点需求,本书提出一种基于理想解(technique for order preference by similarity to an ideal solution,TOPSIS)和灰色关联分析(grey relation analysis,GRA)相结合的动态监测评价方法。

2.算法的基本原理

(1)TOPSIS 基本原理

TOPSIS 由 Hwang 和 Yoon(1981)首次提出,是一种根据有限个评价对象与理想化目标的接近程度进行排序的方法,是多目标决策中一种常用且有效的方法。TOPSIS 的基本原理,是构造多指标问题的理想解和负理想解,并以靠近理想解和负理想解两个基准评价各对象的判断依据,因此又称为理想解法或者双基准法。TOPSIS 的上述特征原理,使得其用于城市全域旅游信用建设目标和任务考核,以及横向的评比排名,均十分适合。

(2)GRA 基本原理

灰色系统理论由邓聚龙(1982)首次提出,基于灰色关联度的 GRA 是一种利用各方案与最优方案之间的关联程度大小对评价对象进行比较、排序的常用方法。其特点是在评价信息较为"贫瘠"情况下,仅依靠少量已知信息便可以确定系统的未知信息,使得系统从"灰"变"白"。该方法对样本量没有严格要求,且不要求数据服从任何分布,因此,实用性很强。GRA 的实质是比较若干数列所构成的曲线列与理想(标准)数列构成的曲线几何形状的接近程度,几何形状越接近,其关联度越大。关联序则反映各评价对象对理想(标准)对象的接近次序,即评价对象的优劣次序,其中灰色关联度最大的评价对象为最佳。GRA 的上述特征原理,使得其在当前尚处建设初期和探索阶段的城市全域旅游信用,在评价指标及相关数据统计资料并不十分完备的情况下(典型的灰色系统特征),提供了一种较好的可行解决方案。

（3）基于 TOPSIS-GRA 的动态评价原理

孙晓东、焦玥、胡劲松（2005）认为传统 TOPSIS 以方案与理想解和负理想解之间的距离为判断方案优劣的标准。然而，距离尺度可以较好反映数据曲线之间的位置关系，但在反映方案数据曲线之间形状相似性方面存在一定缺陷。而 GRA 可以反映曲线几何形状的相似性。因此，考虑将上述二者结合起来，以达到各自取长补短的目的。

传统的综合评价，一般只反映评价对象或方案在某一个时间节点上评价结果状态，属于静态评价。但在实际决策过程中，评价对象的状态，却是处于连续动态变化之中的，静态评价的结果难以及时捕捉上述信息。因此，张发明（2017）等人提出在静态评价基础上，引入时间因素，建立"时序立体数据表"，通过引入时间权重向量，增加时间维度，从而进行更全面的动态综合评价。基于 TOPSIS-GRA 的动态综合评价就是在原来 TOPSIS-GRA 静态评价基础上，进一步引入时间维度，以真正实现对各城市全域旅游信用的动态监测评价。

3. 算法的具体步骤

TOPSIS-GRA 算法过程可参考孙晓东、焦玥和胡劲松（2005）等人的文献研究。其算法的具体步骤如下。

（1）TOPSIS 过程

①得到标准化矩阵。设有 m 个评价对象，n 个指标，指标值为 x_{ij}（$1 \leqslant i \leqslant m, 1 \leqslant j \leqslant n$），则决策矩阵

$$X = (x_{ij})_{m \times n}$$

对决策矩阵做一致性方向转换和标准化处理,得到标准化矩阵

$$Y = (y_{ij})_{m \times n}$$

②确定指标权重。指标权重采用主观赋权和客观赋权相结合的方式,主观赋权采用 AHP,客观赋权采用熵值法,采用乘法公式进行合成,并做归一化处理。具体公式如下:

$$\omega_j = \frac{\alpha_j \times \beta_j}{\sum\limits_{j=1}^{n} \alpha_j \times \beta_j}, j = 1, 2, \cdots, n$$

其中,α_j 和 β_j 分别为由 AHP 和熵值法确定的第 j 个指标的权重,ω_j 为第 j 个指标进行乘法合成和归一化处理后的组合权重。

③计算加权标准化矩阵。

$$U = (u_{ij})_{m \times n} = (\omega_j y_{ij})_{m \times n}$$

$$= \begin{bmatrix} u_1(1) & u_1(2) & \cdots & u_1(n) \\ u_2(1) & u_2(2) & \cdots & u_2(n) \\ \vdots & \vdots & & \vdots \\ u_m(1) & u_m(2) & \cdots & u_m(n) \end{bmatrix}$$

④确定理想解和负理想解。

$$U_0^+ = \max_{1 \leqslant i \leqslant m} u_i(j) = (u_0^+(1), u_0^+(2), \cdots, u_0^+(j), \cdots, u_0^+(n))$$

$$U_0^- = \min_{1 \leqslant i \leqslant m} u_i(j) = (u_0^-(1), u_0^-(2), \cdots, u_0^-(j), \cdots u_0^-(n))$$

⑤计算到理想解和负理想解的距离。第 i 个评价对象到理想解的欧氏距离:

$$D_i^+ = \sqrt{\sum_{j=1}^{n} (u_i(j) - u_0^+(j)))^2}, (i = 1, 2, \cdots, m)$$

第 i 个评价对象到负理想解的欧氏距离：

$$D_i^- = \sqrt{\sum_{j=1}^n (u_i(j) - u_0^+(j))^2}, (i = 1, 2, \cdots, m)$$

（2）GRA 过程

①计算到理想方案的灰色关联系数。以上文确定的加权标准化矩阵为基础，计算第 i 个评价对象与理想方案关于第 j 个指标的灰色关联系数

$$r_{ij}^+ = \frac{m + \zeta M}{\Delta_i(k) + \zeta M}, \quad \zeta \in (0, 1)$$

其中，$\Delta_i(k) = |u_0^+(k) - u_i(k)|$，$m = \min_i \min_k \Delta_i(k)$，$M = \max_i \max_k \Delta_i(k)$；$\zeta$ 为分辨系数，一般取值 0.5。

由此可得评价对象与理想方案的灰色关联系数矩阵

$$R^+ = \begin{bmatrix} r_{11}^+ & r_{12}^+ & \cdots & r_{1n}^+ \\ r_{21}^+ & r_{22}^+ & \cdots & r_{2n}^+ \\ \vdots & \vdots & & \vdots \\ r_{m1}^+ & r_{m2}^+ & \cdots & r_{mn}^+ \end{bmatrix}$$

②计算到负理想方案的灰色关联系数。计算第 i 个评价对象与负理想方案关于第 j 个指标的灰色关联系数

$$r_{ij}^- = \frac{m + \zeta M}{\Delta_i(k) + \zeta M}, \quad \zeta \in (0, 1)$$

其中，$\Delta_i(k) = |u_0^-(k) - u_i(k)|$，$m = \min_i \min_k \Delta_i(k)$，$M = \max_i \max_k \Delta_i(k)$；$\zeta$ 为分辨系数，一般取值 0.5。

由此可得评价对象与负理想方案的灰色关联系数矩阵

$$R^- = \begin{bmatrix} r_{11}^- & r_{12}^- & \cdots & r_{1n}^- \\ r_{21}^- & r_{22}^- & \cdots & r_{2n}^- \\ \vdots & \vdots & & \vdots \\ r_{m1}^- & r_{m2}^- & \cdots & r_{mn}^- \end{bmatrix}$$

③计算到理想方案、负理想方案的灰色关联度

第 i 个评价对象与理想方案的灰色关联度为：

$$R_i^+ = \frac{1}{n} \sum_{j=1}^n r_{ij}^+, \quad (i = 1, 2, \cdots, m)$$

第 i 个评价对象与负理想方案的灰色关联度为：

$$R_i^- = \frac{1}{n} \sum_{j=1}^n r_{ij}^-, \quad (i = 1, 2, \cdots, m)$$

(3)TOPSIS-GRA 合成

①对 TOPSIS 距离和 GRA 关联度进行合成。先对 TOPSIS 得到的距离 D_i^+、D_i^-，以及 GRA 得到的关联度 R_i^+、R_i^- 采用极大值法进行无量纲化处理。

由于 D_i^- 和 R_i^+ 数值越大越接近理想解，D_i^+ 和 R_i^+ 数值越大越远离理想解，因此采用如下公式合成：

$$S_i^+ = a_1 D_i^- + a_2 R_i^+, \quad (i = 1, 2, \cdots, m)$$

$$S_i^- = a_1 D_i^+ + a_2 R_i^-, \quad (i = 1, 2, \cdots, m)$$

②计算相对贴近度。第 i 个评价对象的相对贴近度采用如下公式得到：

$$C_i^* = \frac{S_i^+}{S_i^+ + S_i^-}, \quad (i = 1, 2, \cdots, m)$$

（4）动态时间加权

以上得到的相对贴近度是在 t 时刻上的静态评价结果 $C_i^*(t)$，考虑对评价对象在建设周期内的整个过程表现进行综合评价，还需要进行动态时间加权。本书采用如下公式得到动态综合评价值：

$$Z_i = \sum_{i=1}^{T} \tau_i C_i^*(t), \quad (i = 1, 2, \cdots, m)$$

其中，τ_i 为时间权向量，一般可采用递增型序列，以体现"厚今薄古"的思想，若无特定时间偏好要求，也可以取 $\tau_i = 1$。Z_i 则为第 i 个评价对象经过 TOPSIS-GRA 合成和时间动态加权后的最终评价结果。

根据 $C_i^*(t)$ 的静态评价结果，可以得到评价对象在某一特定时刻的排名情况；

根据 Z_i 的动态评价结果，便可以对评价对象在整个建设周期内的综合表现进行排名。

参考文献

[1] Altman E I,Haldeman R G,Narayanan P,1977. ZETAM analysis a new model to identify bankruptcy risk of corporations[J]. Journal of Banking and Finance,1(1):29-54.

[2] Altman E I,Marco G,Vareto F,1994. Corporate distress diagnosis: comparisons using linear discriminant analysis and neural networks [J]. Journal of Banking and Finance,(18):505-529.

[3] Altman E I,1968. Financial ratios,discriminant analysis and the prediction of corporate bankruptcy[J]. The Journal of Finance,23 (4):589-609.

[4] Apergis N,Payne J E,2013. European banking authority stress tests and bank failure: evidence from credit risk and macroeconomic factors[J]. Banking and Finance Review,5(2):23-32.

[5] Baesens B, Van Gestel T, Viaene S, et al. , 2003. Bench marking state-of-the-rat classification algorithm for credit scoring[J]. Journal of the Operation Research Society,6(54):627-635.

［6］Baesens B,2003. Using neural network rule extraction and decision tables for credit-risk evaluation［J］. Management Science,49(3):313-329.

［7］Bartual C,García F,Giménez V,2012. Credit risk analysis:reflections on the use of the logit model［J］. Journal of Applied Finance and Banking,2(6):13.

［8］Beaver W H,1966. Financial ratios as predictors of failure［J］. Journal of Accounting Research,4(3):71-111.

［9］Coats P,Fant L,1993. Recognizing financial distress tool［J］. Financial Mangement,1(22):142-155.

［10］Coffman J Y,1986. The proper role of tree analysis in forecasting the risk behavior of borrowers［J］. MDS Reports,Management Decision System,Atlanta,1986:3-9.

［11］Collins R A,Green R D,1982. Statistical methods for bankruptcy forecasting［J］. Journal of Economics and Business,34(4):349-354.

［12］Desai V S,Crook J N,Overstreet G A,1996. A comparison of neural networks and linear scoring models in the credit union environment［J］. European Journal of Operational Research,95(1):24-37.

［13］Dutta,Shekhar,1988. Bond rating:a nonconservative application of neural networks［C］. IEEE.

［14］Figini S,Fantazzini D,2009. Random survival forests models for sme credit risk measurement［J］. Methodology and Computing in Applied Probability,11(1):29-45.

［15］Gentry J A,Newbold P,Whitford D T,1987. Funds flow components, financial ratios, and bankrnptcy[J]. Journal of Business Finance & Accounting, 14(4):595-606.

[16] Glasserman P, Heidelberger P, Shahabuddin P, 2000. Efficient monte carlo methods for value-at-risk[R]. Risk Management Report.

[17] Hwang C, Yoon K, 1981. multiple attribute decision making: methods and applications[M]. Berlin:Springer.

[18] Jensen H L,1992. Using Neural networks for credit scoring[J]. Managerial Finance,18(6):15-26.

[19] Jensen H L,1992. Using neural networks for credit scoring[J]. Managerial Finance,18(6):15-26.

[20] Jones S, Hensher D A, 2004. Predicting firm financial distress: a mixed logit model[J]. Accounting Review,79(4):1011-1038.

[21] Korablev I, Dwyer D, 2007. Power and level validation of moody's KMV EDF credit measuresin North America, Europe, and Asia[J]. Economic Notes, (9):9-17.

[22] Kurbat M, Korablev I, 2002. Methodology for testing the level of the EDF credit measure[R]. Moody's KMV Technical Report.

[23] Libby R,1975. Accounting ratios and the prediction of failure:Some behavioral evidence[J]. Journal of Accounting Research,13(1):150-161.

[24] Martin D,1977. Early warning of bank failure:a logit regression approach[J]. Journal of Banking and Finance,1(3):249-276.

[25] Nanni L, Lumini A,2009. An experimental comparison of ensemble of classifiers for bankruptcy prediction and credit scoring[J].

Expert Systems withApplications,(9):3028-3033.

[26] Ohlson J A,1980. Financial ratios and the probabilistic prediction of bankruptcy[J]. Journal of Accounting Research,18(1):109-131.

[27] Samad A,2012. Credit risk determinants of bank failure:evidence from US bank failure[J]. International Business Research,5(9):10-21.

[28] Schebesch K B, Stecking R, 2005. Support vector machines for classifying and describing credit applicants:detecting typical and critical regions[J]. Journal of the Operational Research Society,56(9):1082-1088.

[29] Scott J,1981. The probability of bankruptcy:a comparison of empirical predictions and eoretical models[J]. Journal of Banking&Finance,(9):317-344.

[30] Singleton,Surkan. 2003. Simulating correlated defaults[J]. Paper presented at the Bank of England Conference on Credit Risk Modeling and Regulatory Implications,(9):21-36.

[31] Smith L D,Lawrence E C,1995. Forecasting losses on a liquidating long-term loan portfolio[J]. Journal of Banking and Finance, 19(6):959-985.

[32] Tudela M,Young G,2003. A merton model approach to assessing the default risk of Uk public companies[J]. Bank of England,9(5):12-17.

[33] Vapnik V,Cortes C, 1995. Support-vector networks[J]. Machine Learning,20(3):273-297.

［34］West D,2000. Neural network credit scoring models［J］. Computers and Operational Research,11(27):1131-1152.

［35］West D,2000. Neural network credit scoring models［J］. Computers and Operations Research,27(11):1131-1152.

［36］West R C,1985. A factor-analytic approach to bank condition［J］. Journal of Banking and Finance,9(2):253-266.

［37］［美］本杰明·富兰克林,1997. 富兰克林经济论文选集［M］. 刘学黎译. 上海:上海商务印书馆.

［38］［英］休谟,1997. 休谟经济论文集［M］. 陈玮译. 上海:上海商务印书馆.

［39］陈磊,2014. 我国 ST 股票价格泡沫问题研究:基于 A 股市场的实证检验［J］. 经济研究导刊,(26):195-197.

［40］陈忠阳,2000. 信用风险量化管理模型发展探析［J］. 国际金融研究,(10):14-19.

［41］程建,朱晓明,2007. 信用风险评估模型预测力的验证研究［J］. 山西财经大学学报,(2):86-92.

［42］戴峰,白庆华,2006. 虚拟企业伙伴信用等级灰色关联模型的研究［J］. 情报杂志,(7):49-50.

［43］邓聚龙,1982. 灰色控制系统［J］. 华中工学院学报,(3):9-18.

［44］丁兆云,2008. 互联网多维层次式舆情指数若干计算方法的研究与实现［D］. 长沙:国防科学技术大学.

［45］方洪全,曾勇,2004. 运用多元判别法评估企业信用风险的实例［J］. 预测,23(4):65-68.

［46］何亮亮,2007. 企业潜在信用风险的预警模型［J］. 大连海事大学学

报(社会科学版),6(3):48-50.

[47] 黄薇薇,2012.KMV模型对中国上市公司信用风险评估的有效性验证[D].西南财经大学.

[48] 霍琳,尚维,徐山鹰,2013.房地产开源舆情指数构建与政策影响研究[J].信息系统学报,(2):57-66.

[49] 靳晓宏,王强,付宏,等,2016.主题事件舆情指数的构建及实证研究:以食品安全主题为例[J].情报理论与实践,(12):103-108.

[50] 李昌祖,胡思佳,杨延圣,2019.人民美好生活需要舆情指数的构建:基于浙江省的实证研究[J].浙江工业大学学报(社会科学版),18(1):1-9.

[51] 李向波,王刚,2007.企业核心竞争能力的多层次灰色关联评价及应用研究[J].工业技术经济,(6):119-121.

[52] 刘少伟,2018.投资者舆情指数对股价波动风险影响的研究[J].金融管理研究,(2):220-227.

[53] 刘玉峰,贺昌政,2011.Subagging 在个人信用评估中的应用研究[J].科技管理研究,(19):188-190.

[54] 马超,2016.企业信用综合指数体系构建研究[J].企业管理,(3):121-123.

[55] 潘睿,2017.我国上市企业基于KMV模型的实证研究[J].烟台大学学报(哲学社会科学版),(4):108-115.

[56] 石晓军,郑海涛,2007.国家信用体系的多维指数方法及实证研究[J].财经研究,(1):4-15.

[57] 史小坤,陈昕,2012.商业银行信用风险管理的KMV模型及其修正[J].南京财经大学学报,(4):47-51.

［58］孙瑾,许青松,陈燕燕,2008.基于遗传算法和支持向量机的银行个人信用评估［J］.统计与决策,(12):126-128.

［59］孙婷,2011.基于模糊综合评价法的我国信用指数构建［D］.吉林大学.

［60］孙晓东,焦玥,胡劲松,2005.基于灰色关联度和理想解法的决策方法研究［J］.中国管理科学,(4):63-68.

［61］孙玥璠,杨超,张梦实,2015.大数据时代中小企业信用评价指标体系重构［J］.财务与会计,(6):47-48.

［62］吴晶妹,2015.从信用的内涵与构成看大数据征信［J］.首都师范大学学报(社会科学版),(6):66-72.

［63］吴世农,卢贤义,2001.我国上市公司财务困境的预测模型研究［J］.经济研究,(6):46-55,96.

［64］向宁,王于鹤,2016.佛教互联网舆情指数的构建与互联网舆情评估［J］.世界宗教文化,(4):15-20,158.

［65］谢爱荣,田盈,袁壹,2007.多层次灰色评价法在中小企业信用评价中的应用［J］.成都大学学报(自然科学版),(2):160-162.

［66］徐映梅,高一铭,2017.基于互联网大数据的CPI舆情指数构建与应用:以百度指数为例［J］.数量经济技术经济研究年,(1):94-112.

［67］闫海峰,华雯君,2009.基于KMV模型的中国上市公司信用风险研究［J］.产业经济研究,(3):14-22.

［68］杨莹,徐慎晖,2016.判别分析在上市公司信用风险中的实证研究［J］.河南工程学院学报(社会科学版),31(4):17-19.

［69］俞庆进,张兵,2012:投资者有限关注与股票收益:以百度指数作为关注度的一项实证研究［J］.金融研究,(8):152-165.

[70] 喻国明,2013.大数据分析下的中国社会舆情:总体态势与结构性特征:基于百度热搜词(2009—2012)的舆情模型构建[J].中国人民大学学报,(5):2-9.

[71] 喻国明,李彪,2010.2009 年上半年中国舆情报告(上):基于第三代网络搜索技术的舆情研究[J].新闻传播学研究,33(1):132-138.

[72] 张崇,吕本富,彭赓,等,2012.网络搜索数据与 CPI 的相关性研究[J].管理科学学报,15(7):50-70.

[73] 张发明,杨杰,2017.大规模混合信息下的交互式群体评价方法及应用[J].系统科学与数学,37(12):2400-2411.

[74] 张芳,化存才,何伟全,等,2013.采用网络舆情指数评价体系分级预警的多层模糊综合评判模型[J].重庆理工大学学报(自然科学),27(12):123-128.

[75] 张玲,杨贞柿,陈收,2004.KMV 模型在上市公司信用风险评价中的应用研究[J].系统工程,(11):84-89.

[76] 张培凡,刘功申,2013.分级指标体系下的网络舆情指数计算[J].信息安全与通信保密,(1):57-59.